LE CONSERVATEUR DE L'EUROPE,

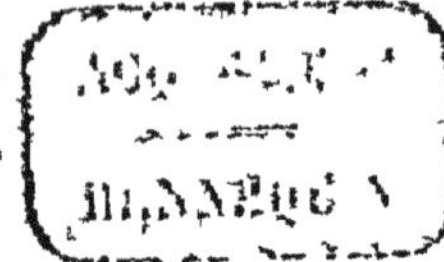

OU

CONSIDÉRATIONS

SUR

LA SITUATION ACTUELLE DE L'EUROPE,

Et sur les moyens d'y rétablir l'équilibre politique des différens états, et une paix générale solidement affermie.

N. B. Deux copies de ce mémoire, composé en *octobre* 1813, six mois avant la chute de Napoléon, avoient été adressées à S. M. l'empereur Alexandre, et à un grand prince, son allié, que l'auteur du mémoire prévoyoit dès lors devoir être les libérateurs de la France et de l'Europe.

Le mémoire fut soupçonné, dénoncé et recherché, mais non découvert. L'auteur fut arrêté; une des copies brûlée à temps, pour être soustraite à la police; l'autre, par suite d'autres obstacles, ne put parvenir à sa destination.

AVIS

DE L'ÉDITEUR.

(Cet avis, écrit en juin 1814, et qui renferme, ainsi que le mémoire, des vérités générales, qui sont encore à l'ordre du jour, en août 1815, devoit être placé à la tête du mémoire, s'il avoit été imprimé alors.)

Le mémoire qu'on publie aujourd'hui sous ce titre : Le Conservateur de l'Europe, *ou Considérations sur la situation de l'Europe, et sur les moyens d'y rétablir l'équilibre politique des différens états, et une paix générale solidement affermie*, a été écrit par un militaire françois, au péril de sa vie, dans le mois d'*octobre* 1813. Une indignation généreuse, et le besoin d'arracher sa patrie à l'abîme qui s'ouvroit pour l'engloutir, ont inspiré son âme et conduit sa plume. Si la voix de ce défenseur de l'humanité avoit pu être écoutée dans les cabinets des puissances belligérantes et dans le sénat françois, le torrent de la guerre n'étendoit point ses ravages au delà du Rhin. Plus de *huit cent mille braves*, François, Italiens, Hollandois, Russes, Allemands, Suédois, Polonois, Espagnols et Anglois vivroient encore. De vastes et belles contrées, où des familles entières ont été détruites sous les ruines de leurs habitations pillées et incendiées, seroient encore florissantes. Des germes de haines nationales invétérées, et peut-être de guerres nouvelles, auroient été étouffés six mois plus tôt, et les six derniers mois de dévastations et de massacres qui ont signalé l'agonie convulsive trop prolongée du règne tyrannique de Buonaparte, auroient été employés à réorganiser l'Europe et son équilibre politique.

Le mémoire qui va suivre, adressé aux souverains alliés, plusieurs mois avant leur entrée à Paris, peut être considéré, sous ce rapport, comme une sorte de monument historique. On ne s'est donc permis d'y rien changer, pas même ce qui est relatif au *conseil de régence*, que l'auteur proposoit de substituer à *Napoléon*, parce qu'il n'avoit pu prévoir l'acte de désintéressement par lequel l'empereur d'Autriche a sacrifié ses plus chères affections à la tranquillité du monde.

La publication de ce mémoire a trois objets :

1°. Elle fournit une preuve qu'au sein même de la nation et de l'armée, beaucoup de bons François, dont l'auteur est l'interprète fidèle à l'époque où il écrit, devançoient par leurs vœux les évènemens, et se trouvoient réduits à invoquer des *princes étrangers* comme libérateurs, pour les affranchir du *tyran*, étranger lui-même, qui les immoloit tous à son exécrable système d'ambition, de domination et d'extermination. Cette haine profonde et unanime de la tyrannie explique les succès de la coalition, qui, autrement, n'auroit jamais réussi à pénétrer sur le territoire françois.

2°. Le tableau énergique et rapide des principaux traits caractéristiques du règne de Napoléon et des fautes des ministres des différentes puissances, qui ont préparé, en France et en Europe, le triomphe du crime et d'immenses malheurs, rend, pour ainsi dire, vivantes les leçons de l'expérience, qui doivent tourner au profit des gouvernemens et des peuples, et prévenir le retour de semblables calamités. Sous ce point de vue, le mémoire en question pourra être lu et médité avec fruit par les hommes d'état.

3°. La dernière partie du mémoire, qui a pour objet les bases possibles et raisonnables de la paix, garantie par une grande fédération européenne, renferme des vues politiques d'une application générale, susceptibles d'être examinées et appréciées par le congrès, qui doit se rassembler incessamment pour discuter et régler les intérêts et pour fixer les destinées de tous les états de l'Europe. Puissent les membres de ce congrès se montrer dignes de leur noble et importante mission : repousser les intrigues ténébreuses, la corruption et la honteuse vénalité : se bien pénétrer de cette vérité morale et politique, trop souvent méconnue, que les gouvernemens qui se laissent conduire par l'ambition et l'égoïsme, sont tôt ou tard déjoués dans leurs plans et punis; mais que ceux qui usent avec modération de leur influence, et qui la font servir au bonheur des autres états, adoptent le meilleur système de conduite pour s'affermir eux-mêmes et pour rendre leurs propres états florissans et heureux!

Si la corruption et l'immoralité ne cessent pas enfin de présider à la politique des cabinets, les malheurs de l'Europe sont loin d'être à leur terme; le gouffre ensanglanté où cette partie du monde civilisé s'est vue au moment d'être engloutie, se rouvrira pour la dévorer. Puissent les rois et les peuples profiter d'une époque qui peut être pleinement réparatrice, ou devenir le germe de nouveaux et incalculables désastres! Puisse l'empereur Alexandre, jeune encore, vertueux et magnanime, dont les intentions sont droites et pures, l'âme noble et élevée, le caractère généreux, s'entourer des conseils désintéressés de quelques hommes d'état, amis de l'humanité, étrangers à la corruption ! Puisse-t-il ne perdre jamais de vue qu'il est responsable à l'Europe et à la postérité des résultats ultérieurs et définitifs que doivent avoir les succès des armées alliées en France, et le traité de paix signé à Paris, qui doit être le préambule de la paix générale de l'Europe!

11 juin 1814.

Le Chevalier A. de Clendi.

LE

CONSERVATEUR

DE L'EUROPE,

OU

CONSIDÉRATIONS

SUR

LA SITUATION ACTUELLE DE L'EUROPE,

Et sur les moyens d'y rétablir l'équilibre politique des différens états, et une paix générale solidement affermie.

(Mémoire écrit au mois d'octobre 1813.)

1°. Nature et causes des dangers et des malheurs de la France et de l'Europe.

2°. Aperçu des fautes commises par les différentes puissances du continent.

3°. Indication des moyens réparateurs.

4°. Intérêt commun de tous les gouvernemens.

5°. Bases possibles et raisonnables d'une grande fédération européenne, et de la pacification générale.

L'Europe entière est en feu. Nul ne peut prévoir où, quand, comment, par qui s'arrêtera l'incendie. La crise est universelle et décisive ; elle atteint également les états et les individus, les destinées publiques et particulières. Le résultat doit être, ou la consommation du plan de domination et de tyrannie, qui entraînera la ruine complète de l'Europe, désolée depuis vingt années par le fléau d'une guerre d'extermination, ou *la renaissance de la civilisation européenne, par le rétablissement de l'équilibre politique, et par une paix générale solidement garantie* (1).

Indiquer rapidement les causes et la nature des périls et des malheurs qui enveloppent l'Europe, les fautes commises par les différentes puissances, les moyens de les réparer, les vrais intérêts de tous les gouvernemens et de tous les peuples, les bases possibles de la grande confédération qui doit rendre la vie, la tranquillité, la prospérité à notre continent; tel est l'objet du présent mémoire.

Ce mémoire est moins encore le fruit des

---

(1) Ce noble but, qui paroissoit devoir être atteint, en 1814, par l'union et l'énergie des puissances alliées, doit être complété et garanti par un pacte solennel, dont les dispositions fondamentales seront arrêtées dans le congrès européen. (Note de l'éditeur.)

réflexions et des méditations d'un simple particulier, observateur impartial, spectateur affligé des malheurs du monde, que l'expression franche, énergique et fidèle du sentiment public, religieusement recueilli, de l'opinion de tous les hommes sages, sensés, amis de l'ordre et de la paix. Il est soumis à des souverains vertueux, éclairés, amis de l'humanité, qui désirent fermer les plaies profondes faites à leurs peuples, et contribuer, par l'unité de leurs vues et de leurs plans, à la pacification générale, puisqu'*une paix partielle seroit un lâche abandon de la cause commune, et un moyen de ruine pour le gouvernement qu'elle auroit pu séduire* (1). En effet, toutes les paix éphémères, partielles et plâtrées, produites jusqu'à présent par un système de crainte, d'*isolation*, d'égoïsme, n'ont fait qu'entraîner toutes les puissances, l'une après l'autre, dans le gouffre ensanglanté où elles se débattent encore.

L'époque des grands dangers est celle où de

---

(1) On avoit lieu de craindre alors, en 1813, l'effet des machinations et des intrigues mises en œuvre pour diviser les puissances alliées et dissoudre leur coalition. (Note de l'éditeur.)

grandes vérités peuvent se faire entendre. Aucun autre motif n'a dicté celles qui vont suivre, que l'évidence, l'urgence, l'étendue des périls, l'évidence des causes qui les ont produits, et des moyens qui peuvent les faire cesser. L'excès du mal doit en amener le remède et le terme. Mais, si la vérité, long-temps étouffée, captive, condamnée au silence, proscrite sous peine de mort, n'est pas enfin écoutée, consultée, accueillie dans les cabinets des Rois; si on la rejette comme importune; si on croit pouvoir encore impunément se diviser, s'isoler, se confier, chercher son salut personnel aux dépens du salut de ses voisins, chaque état sera successivement englouti; et le sommeil, l'esclavage, la mort, planeront sur nos malheureuses contrées, au milieu des débris des trônes et de la ruine des peuples.

I.

Des véritables causes et de la nature des dangers et des malheurs qui pressent l'Europe.

La révolution françoise, détournée promptement de sa direction primitive, et précipitée dans tous les genres d'excès, avoit apparu comme une comète de funeste augure, qui menaçoit d'embraser et de consumer tous les gouvernemens. Sorti des flancs de cette révolution, devenu l'un de ses instrumens les plus actifs et les plus redoutables, le chef actuel de la France avoit promis d'en abjurer les principes destructeurs et d'en faire prévaloir les véritables principes, favorables au libre développement des facultés humaines et à la prospérité des nations, lorsqu'il prit, à la fin du siècle dernier, les rênes de l'état. Il avoit inspiré, par ses fallacieuses promesses, une confiance imprudente et aveugle, une trompeuse sécurité dont la France donna l'exemple à l'Europe, et fut la première victime. *On peut tirer une leçon utile du rapprochement et du contraste de ce qu'il avoit promis et de ce qu'il a fait.*

Il avoit dit aux ambassadeurs des Rois : Je mettrai ma gloire à garantir les trônes de l'explosion du volcan révolutionnaire, sur lequel je me suis assis pour l'étouffer.

Il avoit dit aux partisans de la malheureuse famille des Bourbons : Si j'ai saisi l'autorité, c'est pour la remettre dans des mains légitimes, qu'une force injuste en a dépouillées.

Il avoit dit aux amis de la religion : Je serai votre protecteur; je veux relever les autels, rétablir le culte, replacer le pontife sur son trône, vous rendre la liberté des consciences, vos ministres et vos solennités.

Il avoit dit aux philosophes : Je veux faire régner la philosophie, donner une nouvelle impulsion aux sciences et à l'esprit humain.

Il avoit dit aux partisans d'un gouvernement modéré : Le système représentatif que j'ai juré de maintenir conservera les droits des peuples; je veux procurer à la France les bienfaits d'une constitution monarchique tempérée, à la fois garantie des abus et des excès du despotisme, des désordres et des fureurs de l'anarchie.

Il avoit caressé les anarchistes eux-mêmes et les anciens jacobins, en leur rappelant qu'il avoit servi dans leurs rangs, en leur promettant de faire triompher leur cause, de réaliser leurs vœux chimériques et insensés, de préparer, par une dictature momentanément nécessaire, le retour et le rétablissement d'un régime républicain et démocratique.

Il avoit dit aux militaires : Je veux m'occuper du bien-être de l'armée, assurer tous ses besoins, récompenser tous les braves de leurs longues fatigues, leur procurer des retraites honorables dans leur patrie heureuse et pacifiée.

Enfin, il avoit proclamé solennellement ces paroles, qui avoient séduit les hommes honnêtes et les cœurs généreux, et ramené à lui les esprits les plus défians : « Je veux donner la paix, la tranquillité, le bonheur à la France et au monde; je n'ai point d'autre politique, d'autre but, d'autre gloire; *les idées philanthropiques doivent être le caractère du siècle* » (1).

Il avoit parlé à chaque gouvernement, à chaque nation, à chaque classe de la société, à chaque individu, le langage le plus propre à inspirer la confiance et l'espérance, par le mobile toujours si puissant de l'intérêt personnel. Son règne heureux devoit faire fleurir, avec la paix, l'agriculture, l'industrie, le commerce, les sciences, les arts, tous les élémens de la prospérité.

Et cependant, quels ont été les résultats de ces protestations fastueuses?

Tous les trônes ont été ébranlés, et plu-

(1) Quoique ces paroles, sorties d'une bouche impure, aient été profanées par un charlatan politique, elles n'en expriment pas moins une idée vraie que doivent adopter et appliquer tous les gouvernemens capables d'apprécier l'opinion et les besoins de leur siècle.

sieurs renversés (à Naples, à Rome, en Espagne, en Portugal, etc.) par les attaques sourdes ou publiques de l'homme qui s'étoit offert pour les consolider. Il a détruit les monarchies même qu'il avoit créées, en *Etrurie*, en *Hollande. Il a écrit, sur les ruines de ces deux états, le sort qu'il destinoit aux autres monarchies dont il se proclamoit le soutien*, et qui ont éprouvé les effets de sa protection : interrogez la Prusse, la Saxe, la Bavière, le Wurtemberg, la Westphalie, etc.

Les Bourbons fugitifs et le petit nombre de leurs partisans, restés fidèles, n'ont plus eu d'asile sur le continent. L'assassinat du jeune et malheureux duc d'Enghien, saisi sur un sol étranger, dans un pays neutre, par une violation inouie du droit des gens et de l'hospitalité, conduit, avec une atroce perfidie, dans le piège où une mort cruelle l'attendoit, a révélé à ceux qui ne connoissoient point plusieurs particularités recueillies en Egypte, en Syrie et en Italie, le vrai caractère de l'usurpateur, qui avoit offert aux amis de l'antique dynastie françoise son hypocrite protection.

La religion a vu consommer sa profanation et sa destruction ; le vénérable pontife, qui avoit eu la foiblesse de consacrer l'usurpation, en croyant servir les intérêts de l'Église et de l'Europe, a été promené de prisons en prisons, abreuvé d'humiliations et d'outrages, sans qu'aucune voix osât réclamer sa liberté.

Les sciences, les arts, les lumières, la vraie philosophie, tous les élémens de la civilisation ont été sacrifiés à des mesures de violence inouïe, à des plans de conquêtes, de dévastation, de brigandage, qui ont rappelé les temps de l'ancienne barbarie, où, sans aucun droit des gens, sans aucun égard pour la justice et la raison, le glaive seul et la force décidoient tout.

Les amis d'une sage liberté, d'un gouvernement monarchique modéré qui attache les peuples à leurs souverains par le lien le plus fort, celui des bienfaits, de la conservation, de l'amour, ont vu s'organiser le plus épouvantable système de despotisme, de terreur et de servitude, de démoralisation, de corruption et de ruine universelle, non-seulement en France, mais dans toutes les contrées conquises, incorporées ou alliées, sur lesquelles s'étendit l'influence dominatrice.

Les anarchistes même et les jacobins les plus effrénés, qui avoient pu fonder d'atroces espérances sur le renversement des autorités légitimes, sur la dissolution de tous les liens sociaux, sur la désorganisation et la licence érigées en systèmes, ont dû frémir à la vue du chaos qui signaloit en tous lieux la puissance du conquérant destructeur, devenu, pour ainsi dire, la révolution elle-même personnifiée, et revêtue tour à tour de l'écharpe du généralat, de la pourpre consulaire, et du manteau impérial, pour parcourir, ravager et désoler la terre. Long-temps agent et complice, puis héritier avide, exécuteur farouche des fureurs des plus fougueux révolutionnaires, il a brisé la plupart de ceux dont il avoit fait ses premiers instrumens.

Le même sort étoit réservé par lui à ses compagnons d'armes, qui ont été les premières et les plus déplorables victimes de son insatiable ambition. De toutes les classes de la société, celle des militaires a été le plus cruellement sacrifiée. Le plus souvent sans paye, quelquefois sans pain, condamnés à tous les genres de privations, de fatigues, de souffrances, des soldats, naturellement généreux et intrépides, ont été réduits à vivre de brigandage. La mobilité des grades, la rapidité des avancemens, qui excitoient parmi eux une ambition aveugle et insensée, *dernier mobile qui leur restât*, *lorsqu'ils n'avoient plus de patrie*, n'étoient produites que par la multiplicité des sacrifices humains : chaque officier s'élevoit sur le cadavre d'un de ses camarades, qu'il devoit bientôt suivre dans la tombe. Ceux même qu'une politique intéressée avoit comblés de biens et d'honneurs, avoit élevés des rangs les plus obscurs aux plus hautes dignités, gémissoient en secret de n'avoir plus qu'un faux honneur et une gloire funeste; de n'avoir ni patrie, ni foyers; de mener une vie errante, vagabonde, servilement dévouée à l'obéissance la plus passive; de payer enfin du sacrifice entier de leur conscience et de leur existence, de leur repos, de leur bonheur, de leur sang, les titres vains et pompeux, les décorations, les dons trompeurs et funestes qu'ils avoient reçus. — « A quoi nous servent, disent-ils, nos dotations en Hanovre, en Westphalie, en Pologne, en Espagne, toutes nos prétendues richesses, dont le libre usage nous est interdit, toutes les dépouilles des pays ravagés par nos armes, si nous ne pouvons jamais jouir en paix de notre fortune, et d'une existence douce et tranquille au sein de nos familles? »

Enfin, les amis de l'ordre et de la paix, les propriétaires, les cultivateurs qui avoient osé se flatter que la main victorieuse du nouveau chef de l'état feroit fleurir l'olivier, ont vu s'épuiser toutes les ressources particulières et publiques, englouties dans le gouffre d'une guerre éternelle, sans cause légitime, sans motif raisonnable et avoué; ils ont vu se répandre partout les ravages de cette guerre, qui prenoit tous les ans un caractère plus prononcé de férocité.

Ce n'est plus, disoit un maréchal françois dans la sanglante journée de Wagram, la guerre du courage; c'est celle de la peur : l'artillerie fait tout. Ce n'est plus la guerre des peuples civilisés; c'est celle des sauvages, des barbares, des cannibales. On compte pour rien la vie des hommes, que le premier devoir et le vrai talent d'un grand général est de ménager et d'épargner. Les combats sont des boucheries; les armées, des instrumens de carnage.

Si nous écoutons la classe particulière des commerçans, dont les intérêts ont servi de prétexte pour justifier la bizarre, gigantesque et absurde conception du prétendu *système continental*, des gémissemens unanimes, mais étouffés, retentissent sourdement d'un bout du continent à l'autre. Le commerce et l'industrie, ces deux sources fécondes de la richesse et de la prospérité des états, sont frappés de stérilité, de proscription et de mort, par les dispositions mêmes qu'on a prises en apparence pour les protéger. Une fiscalité avare, avide, inquisitoriale, meurtrière, a multiplié les barrières des douanes, les légions oppressives des employés des droits-réunis et des finances; elle a opposé partout des entraves aux relations commerciales, au transport des produits de l'agriculture et de l'industrie, non-seulement sur les frontières et dans l'intérieur du grand empire et de l'Italie, mais dans tous les états dépendans et tributaires. Une mesure dictée par une rage insensée, par une tyrannie destructive, qui rappelle l'incendiaire Omar, a fait livrer aux flammes, non-seulement dans le grand empire et dans l'Italie, mais dans plusieurs états limitrophes, à Naples, à Francfort-sur-Mein, etc., toutes les marchandises angloises, déjà payées aux premiers possesseurs, et le plus souvent achetées avant l'adoption du système de prohibition absolue.

L'éducation et l'instruction, dirigées uniquement vers la profession des armes; la librairie, l'imprimerie, soumises à une police vexatoire et oppressive; l'administration publique, occupée seulement à fournir de l'argent et des hommes à l'autorité supérieure, qui ne les prenoit que pour les dévorer; la justice, la police intérieure, les finances, livrées à la même influence fiscale, ont éprouvé les mêmes atteintes et les mêmes désastres que l'agriculture, le commerce, l'industrie et les manufactures.

La population, plus que décimée par les levées continuelles, hors de toute proportion, soit de jeunes conscrits, soit d'hommes de tout âge, entraînés par une dure et inflexible nécessité sous les drapeaux, a manqué de bras pour les campagnes, pour les ateliers, pour les arts. On a persécuté les parens, confisqué les biens, brûlé le mobilier des infortunés qui avoient voulu se soustraire à la rigueur des appels forcés, consacrés par les noms augustes et profanés de *loi*, d'*honneur* et de *patrie*. Le deuil et la ruine sont devenus le partage de toutes les familles.

Un simple mémoire n'est point susceptible de renfermer un tableau complet, composé de la variété infinie des faits évidens et incontestables, qui prouvent à la fois *combien le sort de la France est affreux, et quelle a été l'influence de son oppression et de ses malheurs sur la destinée des autres nations.* Une cruelle expérience, trop généralisée, a pénétré tous les peuples de cette vérité, fortement sentie, dont l'histoire gravera les preuves multipliées dans des pages sanglantes. Il étoit néanmoins nécessaire de caractériser ici, avec précision, la *situation actuelle du grand empire, qui expie cruellement tous les maux qu'il a faits*, MALGRÉ LA VOLONTÉ DE SES HABITANS DIVISÉS ET ASSERVIS, au reste de l'Europe.

Non content de livrer ses peuples au désespoir par tous les genres d'exaction et de tyrannie, le chef de la France, qui vouloit en faire l'instrument de son plan d'usurpation universelle, trouvoit aussi, dans la guerre éternellement prolongée, un moyen politique d'éloigner et de détruire tous les hommes qui pouvoient avoir quelque énergie; de détourner l'attention publique du tableau de la décadence intérieure et de la misère générale; de justifier les actes fiscaux et oppressifs de son administration, par la nécessité prétendue de subvenir aux dépenses de cette guerre, toujours dirigée ostensiblement, avec une impudente hypocrisie, vers le grand but de conquérir la paix.

Au lieu de s'occuper à rendre cette paix durable et générale, lorsqu'un traité particulier avec une puissance permettoit de négocier avec d'autres, de cicatriser les plaies de ses propres états, de s'attacher, par une administration réparatrice, bienfaisante, paternelle, les pays récemment incorporés, il a profité des intervalles pendant lesquels la guerre étoit suspendue, pour ajouter à ses vastes possessions des acquisitions nouvelles. En pleine paix, sans aucun prétexte raisonnable et légitime, par des machinations astucieuses qui n'en imposoient point aux hommes éclairés, par des moyens cachés et infâmes de corruption, ou par de simples décrets, il a tour à tour envahi Gênes, Parme, Lucques, la Toscane, l'État Romain, l'industrieuse Hollande, la paisible contrée du Vallais, les Villes hanséatiques, etc. L'Europe, dans la stupeur, consacroit par son silence ces envahissemens successifs, qui plaçoient de nouvelles victimes sous le joug, et qui devoient fournir de nouveaux moyens pour d'autres usurpations.

C'est ainsi que chaque année de ce règne, officiellement vanté dans des gazettes vénales et mensongères, a été marquée par des calamités toujours renaissantes pour la France, ses alliés et ses ennemis. Sans remonter à l'expédition extravagante et impie de l'Égypte, dirigée en temps de paix contre un ancien et fidèle allié, ni à l'expédition de Saint-Domingue, non moins impolitique et injuste, qui ont coûté l'une et l'autre plus de quatre-vingt mille hommes à la France, toutes ses guerres sur le continent, quoique suivies de victoires importantes et de conquêtes productives, ont achevé de ruiner et d'épuiser cette belle contrée, d'absorber sa population et ses ressources, d'allumer, sur tous les points du globe, des haines nationales contre les François, et de creuser, sous des faisceaux de lauriers, le tombeau de l'état.

On a beau faire : *la guerre et le pillage ne sont jamais de bons moyens pour restaurer les finances. La nature des choses ne permet pas heureusement que la nation conquérante échappe a la réaction des calamités qu'elle a fait peser sur les nations conquises.*

Dans notre état actuel de civilisation, et d'après le droit des gens reconnu en Europe, la guerre, cette loterie de sang, ce fléau qui traîne tous les fléaux à sa suite, n'est jamais réputée légitime, de la part d'un gouvernement, qu'autant qu'elle est évidemment juste et nécessaire, ou, du moins, elle doit être autorisée par des motifs graves ou très-plausibles. Il étoit réservé au chef d'une nation, qui naguère prétendoit donner des leçons de liberté et de bonheur à l'Europe, d'entreprendre la guerre sans raison ni justice, pour son seul plaisir, par caprice, par ambition, par spéculation, pour enrichir son domaine ordinaire et extraordinaire des dépouilles des peuples vaincus. En admettant même qu'il ait pu exister des raisons politiques, plus ou moins spécieuses, de la part du chef de la France, pour s'engager dans les différentes guerres dont l'Allemagne, la Prusse, la Russie ont été le théâtre, jusqu'à la sanglante bataille de Wagram, on ne peut se dissimuler que la guerre portée en Espagne, il y a déjà six années, et celle portée en Russie, vers la fin de 1812, n'aient été les effets d'une volonté capricieuse, inquiète, arbitraire, avide, insatiable de puissance, tyrannique et dominatrice.

Cette guerre sacrilège de l'Espagne, qui offroit une spoliation publique et inouïe d'un souverain ami de la France, à l'époque même où ce monarque, trop confiant, livroit au chef des François son or, ses soldats, sa marine, ses colonies, n'avoit pu dessiller les yeux des hommes d'état, ni arracher les cabinets à leur système d'inertie. Elle n'avoit pu déterminer aucune des puissances européennes à s'opposer avec énergie à ces nouveaux progrès de l'usurpation qui, s'avançant comme la lave du volcan, menaçoit de les envelopper et de les ensevelir.

Enfin, la guerre de Russie et la catastrophe si funeste à la grande armée françoise, qui a terminé la campagne de 1812, ont réveillé l'Europe de sa longue léthargie. Un changement soudain s'est opéré dans les esprits; une espérance de salut a ranimé tous les courages. La *France* elle-même, en pleurant les pertes immenses qu'elle avoit faites dans une expédition extravagante, injuste, impolitique, impie, *désavouée dans le principe par l'opinion unanime de la nation, et même de l'armée*, a soulevé ses chaînes, et a commencé à croire qu'elle pourroit enfin respirer.

L'*Europe* étonnée a béni le génie de Pierre-le-Grand, qui avoit créé, dans le dernier siècle, une nation destinée à devenir, dans celui-ci, la libératrice du continent.

La malheureuse *Pologne*, indignement trompée et trahie, dépouillée et dévastée par celui même qui avoit solennellement promis de lui rendre son indépendance, de la réorganiser comme nation, pour prix des flots de sang polonois versés à sa voix et par ses ordres, en

Egypte, à Saint-Domingue, en Italie, en Espagne, en Allemagne, en Prusse, en Russie, a gémi, mais trop tard, d'avoir écouté des promesses perfides, et sacrifié ses meilleurs citoyens et l'élite de ses soldats.

La défection légitime de la *Prusse*, qui n'étoit que par force et avec répugnance l'alliée du chef des François, a donné le premier exemple des défections successives et contagieuses, qui ont rendu à la *patrie allemande*, et à la *vraie cause continentale et européenne*, une partie de leurs défenseurs naturels et nécessaires.

L'*Autriche*, après avoir vu que ni le mariage de *Napoléon* avec une archiduchesse de la plus ancienne maison impériale d'Europe, ni la naissance d'un fils, héritier de son vaste empire, ni la perte presque entière de son armée en Russie, et les malheurs de ses peuples et de ses alliés, ne pouvoient le ramener à des sentimens doux et pacifiques, de modération, de justice et de saine politique; après avoir tenté vainement d'interposer, à Prague, ses soins officieux pour rétablir la paix; a donné le signal à toute l'Allemagne, par un manifeste fort de modération, de raison, de sagesse et de vérité, dans lequel elle expose franchement les motifs de sa conduite, et où l'on pourroit trouver seulement qu'elle ménage trop l'ennemi commun.

L'attitude de la *Bavière*, long-temps douteuse, a fait présumer de bonne heure qu'elle ouvroit les yeux sur ses vrais intérêts, et que la cause commune de l'Allemagne et de l'Europe l'emportoit dans son cabinet et dans le cœur de son Roi, véritable père du peuple, sur d'anciennes rivalités. Elle s'est unie aux puissances coalisées, dès qu'elle a pu le faire sans danger, pour délivrer l'Europe du joug de l'usurpateur. Elle a donné des larmes amères, mais tardives, à plus de soixante mille hommes qu'elle avoit eu l'imprudence de confier à son perfide allié, dont l'atroce politique, les exposant à dessein au feu le plus meurtrier, les a fait périr jusqu'au dernier dans les campagnes de 1812 et de 1813. Le manifeste du roi de Bavière sert de leçon aux souverains qui se livrent, avec confiance et abandon, à l'amitié d'un prince puissant et conquérant, sans honneur et sans foi.

La *Saxe* infortunée, qui, grâce au long séjour du chef des François dans sa capitale et dans ses provinces, n'est plus que *la peau vide et sanglante d'une victime offerte en sacrifice* (expression de Mallet-du-Pan, en parlant de l'état de la Suisse en 1798); tous les *autres états de l'Allemagne*, sans excepter le nouveau royaume de *Westphalie*, épuisés, dévastés, couverts de ruines, pour prix de leur patience, de leur soumission, de leurs sacrifices, n'aspirent qu'à briser leurs chaînes.

Le *Danemarck*, entraîné malgré lui dans le tourbillon du grand empire, arraché par force à sa longue et prudente neutralité, déchu par sa fausse position de son antique prospérité, qui étoit le fruit de la paix, appelle, par ses vœux, l'époque heureuse où il pourra disposer librement de lui-même.

La *Suède*, conduite par un prince d'un caractère généreux et chevaleresque, dont la noble ambition est de soutenir l'indépendance et la gloire de sa patrie adoptive, d'affranchir sa première patrie du joug pesant de l'étranger, d'y faire substituer au plus intolérable despotisme civil et militaire, un gouvernement légitime, régulier, national, réparateur, a fait taire, avec un entier désintéressement, le souvenir des pertes qu'elle avoit éprouvées, pour s'unir aux puissances continentales contre l'auteur de tous les maux publics. La résolution vigoureuse et les brillans succès du Prince-Royal de Suède, fidèle à la cause de la liberté du continent, qui a soutenu son ancienne réputation militaire, d'une date antérieure à celle même de *Napoléon*, en contribuant à couvrir Berlin et à sauver la Prusse, lui ont attiré les injures les plus grossières, les inculpations les plus calomnieuses, les personnalités les plus dégoûtantes, dans des articles semi-officiels de journaux stipendiés, indignes du monarque d'une nation polie et civilisée, auxquels il répond par des proclamations énergiques contre l'usurpateur, et surtout par des victoires.

Vainement le chef de la France et quelques hommes attachés à sa fortune ont affecté de crier à la trahison contre la Prusse, l'Autriche, la Bavière, la Suède........ Comme si les souverains avoient pu renoncer à la faculté de choisir librement leurs alliances, en consultant leurs vrais intérêts, la saine politique, la justice et la sagesse; comme si chacun d'eux, reconnoissant qu'il avoit été trompé, trahi par un machiavélisme odieux, n'eût pas eu le droit d'abandonner celui dont il avoit éprouvé la fourberie et la perfidie.

Le masque tombe, l'homme reste,
Et le héros s'évanouit.

La diplomatie corruptrice du cabinet deminateur, d'où la probité, l'honneur, le droit des gens, la loyauté, la bonne foi, l'observation des traités, le respect des sermens sont bannis, a été déjouée dans ses calculs. L'évidence et l'urgence du péril ont rallié tous les esprits; un même sentiment a inspiré tous les cœurs.

La brave *Nation Espagnole*, qui, par ses seuls efforts, secondés d'une armée auxiliaire angloise, et d'un corps d'armée portugais, défend depuis tant d'années son indépendance, a poursuivi, avec un redoublement d'énergie et de succès, la noble lutte qu'elle soutient: elle a repoussé jusqu'au delà des Pyrénées les malheureux et intrépides soldats, *dignes d'une meilleure cause*, envoyés, *contre leur gré*, pour envahir, asservir et ravager ses provinces.

L'Angleterre, inébranlable dans la continuité de ses efforts pour procurer à l'Europe les bienfaits précieux d'un *équilibre politique fortement garanti*, d'une *paix générale et durable*, du *libre développement du commerce, de l'industrie et de la civilisation*, a rendu inutiles, par la constance, par la sagesse de ses plans, les machinations qui tendoient à la présenter comme l'ennemie de tous les peuples, et à l'isoler du continent; elle s'est, au contraire, présentée comme un phare de salut au continent menacé du naufrage; et une sainte alliance a réuni tous les cabinets avec le cabinet britannique (1).

Les *États-Unis d'Amérique*, nation heureuse et paisible, long-temps étrangère aux passions et aux fureurs de l'Europe, qui avoient un moment cédé à l'influence malfaisante du dominateur suprême, dont les agens souffloient en tous lieux le poison de la discorde, n'ont pas tardé à se repentir d'avoir associé leur pavillon indépendant à ses aigles ennemies de la liberté et de la tranquillité du monde. Ils paroissent avoir reconnu le besoin de terminer promptement, par des négociations de paix, une guerre sans cause et sans but, entreprise et continuée avec mollesse et tiédeur, comme évidemment contraire à leurs intérêts et à leur politique.

La *Turquie*, malgré les fourberies diplomatiques, les promesses insidieuses, les intrigues

(1) Il convient maintenant à la politique et aux vrais intérêts de l'Angleterre, autant qu'à son honneur national et à sa gloire, de prouver, par des faits et des résultats, qu'elle n'a point agi pour elle seule et dans des vues purement intéressées, mais par esprit de justice et de générosité, et pour le bien général de l'Europe. (Note de l'éditeur.)

vénales et tous les moyens de séduction et de corruption dont le chef des François l'avoit enveloppée, a eu le *bon-sens* de ne plus se fier à l'hypocrite allié qui avoit envahi l'Egypte ; elle a senti, comme par instinct, qu'il étoit de son intérêt de voir abattre l'hydre continental, qui n'auroit pas manqué de retomber sur elle, après avoir dévoré les autres états.

La belle et malheureuse *Italie*, écrasée sous un joug de fer, condamnée à prodiguer son sang le plus pur dans des guerres lointaines, étrangères ou plutôt contraires à ses intérêts, n'ose encore lever qu'un timide regard d'espérance et de confiance sur la maison d'Autriche, qu'elle implore en secret, mais dont la politique intéressée de son maître lui fait craindre les ressentimens et les vengeances.

La *Suisse*, qui n'avoit pu obtenir d'autre compensation de la ruine absolue de ses manufactures, de son industrie, de son commerce, qu'une tranquillité apparente et léthargique, chèrement achetée par un contingent d'hommes de guerre, livrés tous les ans en sacrifice au nouveau Minotaure, a dû renfermer et dissimuler jusqu'à présent, par le sentiment de sa foiblesse, des vœux ardens, mais stériles, pour le triomphe de la cause commune.

Enfin, la *France* elle-même, la *Hollande* et tous les états associés à ses malheurs, devenus les instrumens du ravage et de la destruction de l'Europe, ont été enchaînés sous les étendards du moderne Gengiskan, par la terreur de sa puissance, par sa perfide politique, qui avoit su diviser et isoler les gouvernemens, les peuples, les individus, et par la crainte que les états coalisés, s'ils étoient victorieux, ne voulussent exercer de cruelles représailles sur les auteurs, même involontaires, de leurs calamités.

Il résulte de l'esquisse rapide qui a précédé, que la cause actuelle des malheurs et des dangers de l'Europe est uniquement la puissance colossale, démesurée, oppressive, l'ambition insatiable, la soif de sang, l'esprit de domination et de conquête d'un seul homme, armé de toute la force de plusieurs peuples, dont il s'est constitué le maître absolu par ses artifices et ses violences, et que le désespoir et la terreur enchaînent encore à ses drapeaux. Une cause antérieure des malheurs publics qu'il est nécessaire de rappeler, afin qu'elle ne puisse plus se reproduire, a été la mollesse, l'inertie, la confiance, la sécurité, la désunion des principales puissances de l'Europe, qui avoient cru la révolution françoise finie, en voyant son nouveau chef adopter les formes monarchiques et ceindre la couronne impériale; qui avoient accepté son alliance, égarées par une illusion qui honore le caractère des souverains, qui atteste leur loyauté, et qui leur faisoit trouver, dans la pureté de leurs propres intentions, un motif de croire que le chef des François pourroit vouloir sincèrement la paix, et en observer les conditions avec fidélité. On avoit paru sanctionner, par un assentiment tacite, l'asservissement des petits états et les acquisitions usurpées d'un empire colossal, qui menaçoit d'engloutir le monde. On avoit trop méconnu que *les intérêts de tous les membres de la grande famille européenne sont indivisibles.* Tous les états avoient successivement cherché leur salut personnel et la tranquillité des peuples dans un système d'isolement et d'égoïsme. C'est ainsi que les malheurs et les dangers sont arrivés à leur comble. Mais, il faut le répéter et s'en bien convaincre, la cause des maux publics est tout entière dans une seule tête, dans une seule volonté, dans un seul homme. Le seul danger imminent et incontestable seroit aujourd'hui de laisser retomber l'Europe sous son joug. A son ambition et à son orgueil, irrités par des revers momentanés, se joindroit l'ardeur de la vengeance, excitée par les nombreuses défections de ceux qu'il appeloit ses alliés, et qu'il vouloit traiter comme ses vassaux et ses tributaires.

Tous nos malheurs, toutes nos fausses démarches, qui les ont produits et aggravés, viennent surtout d'un sentiment de *peur* qui nous arme les uns contre les autres. C'est par *peur* qu'on obéit, qu'on se bat dans les lieux soumis à l'usurpateur; c'est par *peur* qu'on a traité avec lui dans les autres états, et qu'on a fermé les yeux sur ses agrandissemens successifs. La puissance de la *peur*, qui est en raison de son audace, bien différente du vrai courage, qu'il n'a jamais connu, fait toute sa force, dans son empire et chez l'étranger.

En France, les débris des factions comprimées se *craignent* mutuellement : elles servent, par *peur*, le maître qui les immole à son ambition. Les juges de l'infortuné Louis XVI, tous les François qui ont trempé dans la révolution, soit avec des vues criminelles, soit par foiblesse, par lâcheté, par nécessité, soit de bonne foi, dans des intentions pures, nobles, généreuses, avec l'espérance de voir réformer les abus et d'obtenir un meilleur ordre de choses, *craignent* une réaction de vengeances dont ils seroient victimes. La nation entière *craint* de voir démembrer son territoire : elle croit voir, par ce seul motif, dans l'odieux artisan de ses calamités, le protecteur nécessaire de son indépendance.

En Europe, plusieurs hommes d'état *craignent* la masse françoise, et laissent entrevoir le projet de la dissoudre ; projet impolitique et barbare, qui, rendant aux François toute leur énergie nationale, et leur inspirant la résolution de périr jusqu'au dernier pour la défense et l'intégrité de leur patrie, fourniroit, par l'excès même de leur désespoir, de nouvelles forces, et des moyens incalculables de résistance à l'ennemi commun.

Les cabinets se *craignent* eux-mêmes entre eux, et sont quelquefois prêts à céder aux intrigues secrètes employées pour les diviser.

Il faut faire enfin cesser cette influence de la *peur*, qui rend les gouvernemens, les peuples, les individus soupçonneux, défians, ennemis, quand un seul intérêt, leur salut commun, doit les réunir. Il faut proclamer franchement les principes conservateurs qui doivent rallier toutes les opinions, dissiper toutes les craintes, fixer toutes les espérances. Il faut écarter les ténèbres dont une politique machiavélique et infernale travaille sans cesse à nous envelopper. Ce formidable génie, dont tout le secret est de promettre, de tromper, de trahir, de corrompre, de détruire; dont la ruse égale et surpasse l'audace ; dont l'idée complète et fidèle est exprimée par ces mots : *sa tête, le chaos ; son cœur, l'enfer* (1), verra s'anéantir comme par enchantement sa puissance gigantesque, magique et empruntée, au moment où les nations pourront se regarder au grand jour.

L'état des choses est totalement changé par la marche des évènemens, par les fautes et les crimes du chef de la France, par le rapprochement et l'union salutaire des puissances européennes. Les guerres ont cessé d'être natio-

---

(1) Sa tête est le chaos; dans son cœur est l'enfer :
Tel est le demi-dieu de ce siècle de fer.

On avoit aussi fait, en 1812, ces deux vers prophétiques, applicables aux deux folles et déplorables expéditions d'Espagne et de Russie :

Au nord, comme au midi, perdant toujours la carte,
Ce grand *Napoléon* va tuer *Bonaparte*.

Enfin, on avoit exprimé, à la même époque, dans les quatre vers suivans, la déplorable situation de l'Europe et de la France, poussées par une aveugle fureur à se détruire mutuellement, au profit et par la volonté de leur ennemi commun :

J'ai vu l'Europe, en proie à d'horribles batailles,
Célébrer follement ses propres funérailles :
J'ai vu, dans son délire, un peuple malheureux
S'immoler tout entier pour un fou furieux.......

(Note de l'éditeur.)

nales du côté des François, qui servent contre leurs intérêts, contre leurs volontés. Elles ont commencé à devenir nationales du côté des rois coalisés, que l'Europe et la France elle-même implorent comme des libérateurs, et dont les sujets et les soldats sont excités et soutenus par le sentiment intime de la bonté de leur cause, d'une résistance légitime et sainte à une aggression injuste et impie; par la conviction qu'ils défendent leurs propriétés, leurs familles, leur patrie, leur indépendance, leur existence civile et politique, contre un conquérant audacieux et avide, cruel et destructeur.

Les dangers et les maux publics, leur nature, leurs causes et leurs effets étant bien connus et appréciés, les remèdes sont faciles : quelques pages suffiront pour les indiquer.

II.

Aperçu des fautes commises par les différentes puissances (1).

Le tableau rapide des malheurs du continent, et des périls dont il est menacé, a dû

(1) Il n'est pas sans utilité de rappeler, au moins sommairement, les fautes commises par les différen

présenter en même temps une partie des fautes qui ont entraîné l'Europe dans l'abîme. Mais,

---

cabinets de l'Europe, pour bien prouver que la France ne mérite pas seule le reproche d'avoir favorisé la tyrannie de Buonaparte, et pour disposer tous les gouvernemens et tous les peuples à des sentimens d'indulgence ou plutôt de justice envers la nation françoise, puisqu'ils ont contribué, autant qu'elle, à fortifier, par leurs traités de paix, par leurs alliances, et par une condescendance docile à ses volontés, la puissance du dominateur.

On a jugé convenable d'emprunter les expressions déjà anciennes, et alors prophétiques, d'un écrivain politique estimé (*Mallet du Pan*), pour faire apprécier à leur juste valeur les fautes réelles des différentes puissances, et les conséquences que ces fautes ont entraînées.

Les reproches adressés à ces puissances acquièrent un caractère plus imposant et plus solennel, lorsqu'ils sont appuyés sur des extraits d'un ouvrage connu (*le Mercure britannique*), qui jouit depuis long-temps d'une réputation méritée. La réunion de ces extraits, ainsi reproduits, fera connoître que les principales vérités, d'où pouvoit dépendre le salut de l'Europe, si elles eussent été lues, méditées et appliquées par les rois et par leurs conseillers, étoient déjà publiques et consacrées par un défenseur intrépide des droits et des libertés des divers états qui composent la grande famille européenne.

.... L'ambition délirante, la folie et la fureur

quelques développemens sur ce sujet sont peut-être nécessaires pour rendre plus évidentes et

---

d'un seul homme, devenu, par des circonstances inouies, et par une étonnante force de volonté, le che suprême d'un grand peuple et l'arbitre des destins de plusieurs états; l'aveuglement, la confiance, osons le dire, la politique timide et pusillanime des cabinets les plus influens qui auroient pu arrêter de bonne heure les progrès du conquérant, ont changé une foule de biens précieux, faciles à semer et à recueillir, en fléaux et en calamités, dont un siècle entier ne réparera pas les suites funestes.

Et cependant, *Télémaque, ce bréviaire des rois*, étoit là pour les éclairer, s'ils avoient voulu de bonne foi ouvrir les yeux, et regarder leur situation et leur adversaire. L'histoire, l'expérience étoient là et présentoient leurs leçons éloquentes et terribles. Quelques hommes vrais, courageux, dévoués, qui sacrifioient leurs intérêts personnels de faveur, de fortune, d'avancement, qui compromettoient leur sûreté même et leur vie pour servir fidèlement leur patrie et leur gouvernement, que trahissoient des courtisans et des flatteurs comblés d'honneurs et de richesses, étoient là et faisoient entendre le langage respectueux, mais austère, de la vérité.

Pourquoi les chefs des états ne veulent-ils, le plus souvent, ni lire, ni penser, ni écouter, ni voir? pourquoi craignent-ils la vérité, qui seule pourroit affermir leur autorité? Henri IV dut une partie de la grandeur plus profitables les leçons de l'expérience, et pour montrer aux puissances que leurs dangers

---

et de la gloire de son règne à la courageuse franchise de Sully.

Les rois et leurs ministres vivent dans un tourbillon qui les entraîne. Ils sont environnés d'une atmosphère empoisonnée de flatteries et de mensonges. Ceux qui ont le plus de génie naturel demeurent volontairement aveugles, sourds et ignorans. Voilà les véritables causes de leurs malheurs et des nôtres.

FÉNÉLON, dans son *Telémaque* et dans ses *Directions pour la conscience d'un roi*; MASSILLON, dans les éloquens discours dont le *Petit Carême* se compose; MARC-AURÈLE, empereur philosophe et ami des hommes, dans ses belles *Pensées;* TACITE, et quelques historiens penseurs, dans leurs pages souvent sanglantes; les célèbres HUME, ROBERTSON et GIBBON, dans leurs ouvrages classiques; notre LA FONTAINE, dans ses fables, qui renferment tant de vérités profondes, ingénieusement voilées ou énergiquement exprimées; MONTESQUIEU, dans ses *Considérations sur la décadence des Romains*, et dans son *Esprit des Lois;* SISMONDI, dans son *Tableau* si instructif *des Républiques italiennes du moyen âge;* tant d'écrivains distingués et judicieux, anciens et modernes, qui ont exposé aux gouvernemens et aux nations leurs véritables intérêts, ... seront-ils donc toujours la voix dans le désert: *Vox clamantis in deserto?* . . . . (Note de l'auteur.)

les plus imminens leur viennent d'elles-mêmes, et qu'il dépend d'elles de s'en garantir.

Un écrivain judicieux, dont les conseils, trop dédaignés, tendoient à prévenir les calamités qui ont accablé l'Europe, s'exprimoit ainsi, en octobre 1798 (il y a quinze ans, en 1813), et traçoit d'avance le tableau fidèle des évènemens politiques survenus depuis cette époque et dans ce long intervalle.

« .... Il est pénible d'observer que la situation déplorable de la Suisse conquise et opprimée peut, d'un jour à l'autre, devenir celle de la plus grande partie de l'Europe; placée entre une paix contrainte et une guerre nécessaire, elle participe aux dangers de l'une et de l'autre, sans jouir des avantages ordinaires de la première, ni des chances qui pourroient naître de la seconde.....

« Qu'espérer d'un état de paix qui exclut le principe conservateur de notre indépendance et de notre tranquillité?

« Il y a moins de risque à braver la haine d'un gouvernement conquérant et oppresseur, qu'à solliciter et à cultiver son amitié. Les effets de celle-ci ne sont plus un problème : chacun sait aujourd'hui ce qu'il en coûte de se rapprocher d'une puissance qui opprime par ses traités autant que par ses armes, et qui n'accorde jamais la paix qu'avec l'intention de revenir sur son ennemi, jusqu'à ce qu'elle l'ait désarmé et désorganisé.

« Qu'ont valu aux puissances pacifiques ou pacifiées leurs désertions de la cause générale?

« Il est difficile de concevoir une situation plus déplorable que celle où l'empire germanique s'est réduit par sa désunion, par son égoïsme, par sa recherche persévérante de la paix, par l'étalage de ses éternelles négociations, qui ont donné la mesure de sa foiblesse.

« La politique des chefs de la France n'a d'autre élément que de diviser pour conquérir, d'autre but que d'arriver à la domination universelle par le bouleversement universel, et d'autre frein que la crainte à laquelle elle a réduit tous les mobiles du gouvernement.

« Dans les conjonctures présentes, reculer la difficulté, ce n'est pas la résoudre, c'est au contraire l'aggraver. L'empereur d'Allemagne n'a pas perdu une bataille, sans que le contrecoup ne portât sur le trône du roi de Prusse; le gouvernement de France n'a pas obtenu une conquête ou une concession, sans ébranler les colonnes de toute souveraineté.

« A quelle cause la Prusse doit-elle son calme passager ? A son indifférence sur les ravages d'une tempête qui s'approche d'elle dans une rapide progression. Occupé de détruire l'Europe en détail, le gouvernement françois ne trouble point ce sommeil précieux d'un souverain intimidé, tandis qu'il abat républiques et monarchies. Bientôt, armé de leurs débris, de leur population, de leurs richesses, il écrasera la puissance isolée qui aura vu de sang-froid emporter tous les bastions de sa sûreté....

« Attila, dit Montesquieu, faisoit un trafic continuel de la frayeur des Romains. Fit-on jamais des accords avec les tremblemens de terre ?.....

« Telle est l'influence contagieuse et soporifique du fanatisme continental,..... que chacun place quelque espérance de salut personnel à côté du malheur général.

« Au tourment de l'incertitude se joint un affaissement moral qui éteint jusqu'à la volonté de s'en délivrer. Les illusions et les terreurs se succèdent dans la même journée.....

« Loin d'ajourner de misérables différends, loin de se réunir contre l'ennemi commun, et d'appeler l'univers à leur secours pour s'en défendre et l'écraser, des souverains tendent la main à leurs assassins, soumettent leur autorité aux décrets des destructeurs de toute autorité, envient leur bienveillance, et cherchent leur salut dans l'insensibilité avec laquelle ils considèrent ce déluge, où vont se perdre, tous les six mois, quelque république ou quelque monarchie. Sans pitié, et en silence, on voit les dépouilles de la foiblesse et de l'innocence aggrandir périodiquement le spoliateur.

« Quelque repos, du moins quelque sécurité, quelque espoir sont-ils la récompense de cette inertie? Non; on ne se rassure aujourd'hui que pour trembler demain. Une prétention injuste est-elle satisfaite? il en renaît de plus iniques encore. La mesure de la tyrannie dépasse toujours celle de la lâcheté. Ni gouvernement ni particuliers ne sont assurés de leur sort : on éprouve la honte des affronts, sans éprouver la consolation qu'ils diminuent les dangers. L'expérience a tout dit, tout révélé. C'est l'évidence même que l'inutilité complète de ce système d'égoïsme, de servitude et de circonspection.

« L'inquiétude se lit sur les visages, l'effroi trouble les jouissances de la frivolité; tous les sentimens sont pénibles, et leur expression concentrée.....

« Ce n'est qu'au sein d'une étroite intimité que les habitans des deux tiers du continent osent avouer leur horreur et leur indignation. Tel est l'état déplorable dans lequel on s'est précipité, qu'au milieu de cent papiers publics, et de mille écrits journaliers, consacrés à excuser les forfaits du gouvernement envahisseur, à préconiser ses plans, à vanter sa puissance, à insulter ses ennemis, à favoriser ses succès,.... à peine une plume ose s'élever pour la défense de l'ordre social et pour désabuser la crédulité publique. La terreur fait bâillonner toutes les bouches et sceller toutes les vérités.....

« C'est dans la crainte de périr par la résistance qu'on périt sans résister. On prolonge ainsi la convulsion d'agonie dans laquelle se trouve le continent, qui s'écroule pièce à pièce par des invasions successives.

« La seule Angleterre, dont la dignité est intacte comme ses armes, presse encore de toutes parts ce colosse de boue qui foule sous ses pieds sanglans tout ce qui le craint, le sert et le caresse.

« L'état florissant de l'Angleterre, malgré l'étendue et la multiplicité de ses efforts et de ses sacrifices, prouve que la guerre la plus terrible à laquelle aucun empire ait été exposé, produit mille fois moins de risques, de troubles, de tristesse et de crainte que les charmes de la paix dans laquelle se bercent en frissonnant tous les concurrens à la concorde avec l'empire françois..... »

Ces importantes vérités, proclamées inutilement, il y a quinze années, justifiées désormais par l'évènement, confirmées par ces quinze années de malheurs, scellées du sang de plusieurs millions d'Européens, moissonnés dans les combats, *au profit d'un seul homme*, rendent tous les développemens superflus.

La répétition des mêmes fautes, alors si énergiquement signalées, a produit la continuation des mêmes désastres.

On a trop ménagé l'ennemi commun dans les manifestes de guerre et dans les négociations pour la paix. On a paru le craindre, même en le combattant; on ne l'a point attaqué ouvertement, avec franchise et courage. Son audace s'est accrue en raison de la modération, des irrésolutions et de la pusillanimité de ses adversaires. On n'a point travaillé sérieusement à l'isoler de la nation, dont il cherchoit à présenter la gloire, la sûreté, l'existence comme essentiellement réunies et confondues avec les intérêts et les vues de son ambition personnelle.

On ne lui a point opposé, comme on auroit pu et dû le faire avec facilité, cette puissance magique de l'opinion, qu'il avoit su caresser en l'étouffant.

Les Souverains eux-mêmes ont reconnu son autorité comme légitime, dans la guerre ainsi que dans la paix. Ils n'ont jamais osé déclarer franchement, lors même qu'ils repoussoient les agressions les plus injustes, qu'ils ne dirigeoient point leurs armes contre une nation loyale, généreuse, estimable, opprimée, mais uniquement contre un étranger ambitieux et usurpateur, devenu son chef, qui vouloit se servir d'elle comme d'un couteau pour couper l'Europe. Ils auroient pu détacher de sa cause une grande partie de l'immense population qui recrutoit ses armées. Ils ont, au contraire, fortifié leur ennemi de toute la puissance de la nation qu'il gouverne ; ils lui ont fourni des prétextes de répéter, avec une apparence de vérité, qu'il s'agit pour elle de garantir son indépendance et l'intégrité de son territoire.

Telle étoit l'affreuse alternative dans laquelle tous les bons François étoient placés : ils se voyoient, d'un côté, menacés par l'ambition des puissances coalisées ; sacrifiés, de l'autre, par l'ambition effrénée de leur propre chef ;

et, ne sachant où trouver un protecteur et des moyens de salut, ils s'abandonnoient avec désespoir à la même influence dominatrice qui avoit causé tous leurs dangers, mais qui sembloit seule capable de les en délivrer.

On a vu, par ce motif, beaucoup d'hommes raisonnables, estimables et éclairés, amis de leur pays et de l'humanité, employés dans les différentes fonctions civiles et militaires, et quelquefois revêtus des premières dignités, suivre, en gémissant, et par nécessité, les drapeaux et les lois du chef des François : ils étoient condamnés à le servir, pour attendre une époque favorable où il leur fût permis de contribuer à retirer leur patrie de l'abîme dans lequel la fausse politique des puissances, l'imprudence et l'aveuglement des nations et des individus, la force des évènemens, et une sorte de fatalité tendoient également à la précipiter.

Les cabinets ne seroient donc nullement fondés à reprocher aux François d'avoir coopéré aux plans de destruction suivis par l'usurpateur, puisqu'ils ont eux-mêmes traité avec celui-ci comme avec un souverain, puisqu'ils ont consacré sa dignité et sa dynastie par des alliances de famille, puisqu'ils ont réduit les peuples placés sous sa dépendance à n'avoir aucun moyen de s'y soustraire.

Mais, la mollesse et la désunion des puissances du continent ont surtout paralysé toutes les mesures de résistance et de conservation ; elles ont servi plus efficacement aux succès de l'ennemi commun, que les forces puisées dans ses propres états.

Si nous voyons la maison d'Autriche seule dans les champs de Marengo ; si nous la retrouvons encore abandonnée à ses seules forces, avant la paix éphémère de Lunéville ; si nous arrêtons nos regards sur le cabinet prussien, inactif et irrésolu, tandis qu'en 1805 et 1806 le chef des François conduisoit son armée dans le cœur de la monarchie autrichienne; si la Russie a cru pouvoir, à la même époque, rester indifférente sur le sort de l'Allemagne, en imitant l'insouciance de l'Autriche, qui avoit livré sans défense à leur destinée les Suisses, les Grisons, la Valteline, le Piémont, la Ligurie, l'état de Parme, la Toscane, l'état de l'Eglise, le royaume de Naples ; si, l'année d'après, en 1807, l'Autriche, croyant user de représailles, a vu d'un œil calme et insensible la ruine de la Prusse ; enfin, si la Prusse et la Russie ont à leur tour laissé porter, en 1809, de nouvelles atteintes, presque mortelles, à l'auguste chef de l'empire germanique, réduit à défendre ses possessions héréditaires ; les hommes sages ont dû déplorer l'aveuglement profond et l'entraînement irrésistible des cabinets, et prévoir, en gémissant, le nouveau déluge de calamités qui n'a pas tardé à fondre sur le continent.

Le silence absolu des cabinets, lors de l'invasion armée de l'Espagne et de la détention arbitraire de son infortuné monarque, par un acte de perfidie sans exemple depuis la renaissance de la civilisation et du droit des gens en Europe ; l'indifférence profonde avec laquelle les rois ont vu dépouiller et chasser de leurs états les souverains de Naples, du Portugal, de la Hesse, et le chef de l'Eglise, etc. ; la suppression improvisée du royaume de Hollande, d'où *Napoléon* a expulsé son propre frère, qui a dû se réfugier sur les terres de la maison d'Autriche, tandis qu'un autre de ses frères étoit forcé à chercher un asile au sein même de l'Angleterre ; l'occupation du Vallais, des villes anséatiques, etc., faite d'un trait de plume, à la face de l'Europe, sans qu'il s'élevât aucune réclamation en faveur du foible opprimé ; cette condescendance inexplicable et inouïe, qui toléroit tant de brigandages politiques, qui paroissoit légitimer tous les envahissemens, toutes les spoliations; qui laissoit rompre tous les liens entre les gouvernemens et les peuples; qui laissoit dépouiller les premiers du droit de souveraineté, et vendre les autres à l'encan comme de vils troupeaux, sembloient autant de symptômes d'une prochaine dissolution de l'Europe, autant de signes affligeans d'un

Esprit de vertige et d'erreur,
De la chute des rois funeste avant-coureur.

On a éprouvé les conséquences du système d'inaction et d'inertie, d'égoisme et d'isolement; on a ouvert les yeux; le voile qui les couvroit s'est dissipé. Ce réveil de l'Europe, et le changement inattendu qui s'est opéré dans sa politique, ont donné des espérances fondées de salut.

Mais, à l'époque même où tous les souverains, réveillés sur leurs trônes chancelans, ont unanimement pris les armes pour se défendre, on a encore persisté dans quelques fausses démarches, ou suivi des mesures qu'auroient dû faire rejeter une sage politique et une connoissance approfondie de l'état des choses et de la disposition des esprits en France et en Europe.

On a méconnu la puissance de l'opinion, les avantages de la publicité, que ne doit pas craindre la diplomatie, lorsqu'elle a des vues pures, nobles et élevées; enfin, les vrais intérêts des peuples, en négligeant de manifester hautement des propositions de paix raisonnables et modérées, qui auroient mis à nu l'exagération et l'injustice des prétentions du dominateur, qui auroient isolé de sa cause, même dans ses armées, tous ceux qu'une ambition personnelle et une sorte de complicité n'y auroient pas étroitement attachés.

On n'a point solennellement désavoué le projet imputé à la coalition d'avoir en vue le démembrement et la dissolution de la France. Tous les François se feront tuer jusqu'au dernier pour empêcher que leur patrie soit déchirée en lambeaux et livrée à l'étranger; aucun François ne prodiguera son sang, s'il est évidemment démontré et généralement reconnu, qu'on ne se bat que pour conserver ou pour étendre les conquêtes de l'usurpateur.

Enfin, il étoit peut-être impolitique, sous plusieurs rapports, d'appeler le général Moreau dans les armées combinées, et de le présenter aux armées françoises, placé dans les rangs de leurs ennemis. C'étoit mal connoître le caractère françois et l'esprit de l'armée; c'étoit compromettre, sans aucun résultat d'utilité possible, ni même probable, la gloire, l'influence, la vie d'un homme précieux, dont on auroit pu tirer plus tard un grand parti dans d'autres circonstances.

Il a paru nécessaire d'exposer sans déguisement tout ce que les hommes sages et impartiaux ont jugé nuisible aux intérêts de la cause commune. Mais, il s'agit moins aujourd'hui de s'appesantir sur les fautes commises, que d'en apprécier les effets pour s'en garantir, et d'aviser aux moyens de les réparer.

III.

Indication des moyens réparateurs.

Les *moyens réparateurs* consistent essentiellement dans l'*union* entre les puissanses alliées, dans la *loyauté*, la *modération*, le *désintéressement*, qui peuvent leur concilier des amis et des partisans; dans la *constance*, l'*énergie* et la *fermeté*, seules propres à déjouer les projets de leur audacieux et infatigable ennemi. Celui-ci compte encore sur la désunion, l'isolement, le découragement, la foiblesse des coalisés ; sur la corruption, la vénalité, la versatilité de quelques-uns de leurs ministres. Il faut déjouer ses espérances, résister à ses intrigues, rejeter à la fois son or corrupteur et ses insidieuses promesses. Il faut oser l'attaquer ouvertement, et le démasquer aux yeux de ses peuples et de l'Europe. Il n'est plus temps de le ménager, de le caresser, de le craindre. Il faut l'isoler à son tour. Que l'ennemi du continent reste seul. Que son égoïsme, qui sacrifie l'humanité, l'Europe, la France, ses plus dévoués satellites, sa propre famille à ses vues étroites, exclusives, personnelles, dont l'unique but est la domination ou la puissance, non la grandeur ni la gloire, soit enfin mis à nu et justement flétri.

Que la *générosité*, la *loyauté* des rois fassent mieux ressortir ses infidélités, ses trahisons, ses perfidies envers les peuples qu'il avoit séduits.

Que la *modération* des rois contraste avec la fureur délirante de son excessive ambition ; que leur *désintéressement* soit la censure publique de son égoïsme et de son avidité. Que leur *constance* et leur *énergie* soient supérieures à la force de son caractère et de sa volonté, principale cause de ses succès.

Oui, que les souverains soient généreux, et leurs triomphes seront durables! C'est la justice et la clémence qui affermissent les empires. Le règne de la violence est toujours éphémère. Que les rois songent à consolider, à faire prospérer leurs états, plutôt qu'à les agrandir; à éteindre, plutôt qu'à exciter les ressentimens et les vengeances; à pardonner, plutôt qu'à punir; à faire partout respecter le droit sacré de propriété, base de l'ordre social, plutôt qu'à chercher dans des contributions oppressives et dans la dévastation des pays conquis, le rétablissement de leurs finances. . . . .

Qu'elle ne soit pas perdue pour les chefs des nations, cette leçon éloquente, instructive, terrible, de l'élévation rapide et gigantesque, de la décadence plus rapide encore et presque soudaine d'un homme sorti du néant, comblé de toutes les faveurs de la victoire et de la fortune; qui, maître d'un puissant empire, mais dominé par une passion insensée, chef d'une armée innombrable, renouvelée presque en entier chaque année, n'a pu conserver et administrer ses conquêtes; qui a vu s'écrouler, en quelques mois, sa domination usurpée, parce qu'il n'avoit su écouter ni la modération ni la sagesse, et qu'il avoit abusé avec insolence et avec orgueil de la prospérité; parce qu'il avoit écouté la flatterie, récompensé la bassesse, rejeté la voix austère de la vérité et de la vertu; parce qu'il avoit cru tout possible à son audace, tout permis à ses caprices; et qu'il avoit foulé aux pieds ses peuples et ses alliés, en rapportant à lui seul le but de ses extravagantes et criminelles entreprises.

Les moyens réparateurs ne peuvent être puisés que dans le *génie*, dans l'amour de la vraie *gloire*, dans une *politique* noble, généreuse, éclairée, qui doivent inspirer les souverains.

Si le propre du *génie* est d'obtenir de grands effets avec peu de moyens, que dira-t-on d'un homme qui, pouvant disposer de la moitié de la population et des richesses de l'Europe, n'a su, pendant plus de dix années d'un règne despotique et absolu, tirer aucun parti de ces immenses ressources, pour rien faire de grand, d'utile et de durable?

Si le caractère de la vraie *gloire* est de laisser des monumens nobles, utiles et solides, consacrés au bonheur des nations et des individus, quelle sera la gloire de celui qui n'apparoîtra aux yeux de son siècle et de la postérité, qu'environné des cadavres de plusieurs millions de ses contemporains immolés à son ambition, et des ruines de la plupart des états de l'Europe, dont il a pris et incendié ou pillé les capitales, « portant d'une main la torche d'Erostrate, et de l'autre le sabre de Genseric? »

Enfin, si la saine *politique*, toujours unie à la morale, à la justice et à la raison, consiste à rendre heureux et florissans les peuples qu'on est appelé à gouverner, à n'entreprendre que des guerres évidemment nécessaires, comment appréciera-t-on les talens politiques du chef ambitieux qui na su que sacrifier, en quelques années, sans aucun résultat, dans des guerres injustes, ruineuses, dévastatrices, la population et les trésors d'un empire et de plusieurs royaumes, dont il s'étoit chargé de protéger les destinées?

En apprenant à réduire à leur juste valeur le prétendu *génie*, la fausse *gloire* et l'atroce *politique* de ce monarque parvenu, si emphatiquement célébré par des écrivains stipendiés, ou par quelques fanatiques enthousiastes; que les rois profitent de son expérience, de ses fautes, de sa juste punition! Qu'ils rappellent à leur aide les sages maximes proclamées ou consacrées par quelques-uns de leurs prédécesseurs, que, *si la bonne-foi pouvoit être bannie de la terre, elle devroit trouver un asile dans la bouche des rois*; que *la véritable richesse des souverains est dans l'amour de leurs peuples*; que *les moyens de restauration des finances sont l'ordre, l'économie et la paix*; que *la guerre, si funeste même pour les vainqueurs, n'est permise qu'autant qu'elle est reconnue indispensable*; que *le* génie, *la* gloire, *la* politique *n'ont qu'un même caractère essentiel, un même but, un même résultat, le bonheur public.*

Pour rester *unis*, les rois doivent résister à des vues ambitieuses, à des projets de partage, qui deviendroient des germes de désunion, des semences de nouvelles guerres.

Pour se montrer *généreux*, *modérés*, *désintéressés*, les rois doivent s'abstenir de nouvelles acquisitions personnelles et du démembrement des anciens états. Ils doivent garantir l'indépendance et l'intégrité de la *France*, bornée par le Rhin, l'Océan, les Pyrénées, la Méditerranée et les Alpes, et gouvernée par l'Impératrice-Régente, assistée d'un conseil (1).

---

(1) L'éditeur de ce mémoire rappelle qu'on doit toujours, en le lisant, se reporter aux circonstances où il a été composé, en *octobre* 1813. Il paroissoit impossible *alors* de substituer d'autre gouvernement que

Autrement, je le répète, la crainte et le désespoir réduiroient les François à se rallier, pour la défense et la conservation de leur patrie, à celui même qui a commencé de la détruire. Les puissances ont le même intérêt à proclamer l'indépendance et l'intégrité de la Hollande, de l'Espagne, de l'Italie, du corps germanique, de la Pologne. Que l'*Italie* soit constituée en une *ligue fédérative* de plusieurs états associés, assez forts pour repousser des agressions étrangères et pour servir de barrières entre des puissances belligérantes; trop foibles pour entreprendre des guerres offensives. Que la malheureuse *Pologne*, dont le premier démembrement, funeste à l'Europe, donna le signal et l'exemple des envahissemens et des plans de partage qui ont eu lieu depuis,

---

celui de la régence à la tyrannie militaire de Napoléon. *Depuis*, des combinaisons nouvelles, la justice impartiale des souverains alliés, le désintéressement de l'empereur d'Autriche ont permis de rétablir sur le trône l'antique dynastie de nos Rois. La nation s'est empressée de l'accueillir avec des sentimens respectueux et sincères d'affection, de confiance et d'espérance. Les mêmes sentimens doivent aujourd'hui (en 1815) resserrer le peuple autour de son Roi, et faire la force et le salut de la patrie. (Note de l'éditeur.)

renaisse de ses ruines, et redevienne une monarchie et une nation indépendante, sous la protection des trois grandes puissances qui l'environnent. Que la *Hollande*, l'*Espagne*, le *Portugal* soient réorganisés et obtiennent des gouvernemens monarchiques, légitimes ou réglés par des lois, sagement et fortément constitués. Que les différens états, dont les forces respectives, à peu près balancées, reproduiront l'équilibre politique, nécessaire à la tranquillité de l'Europe, soient placés sous la protection et la garantie d'une grande *fédération européenne*, à la tête de laquelle seront les principales puissances du continent; d'un côté, l'Autriche et la France; de l'autre, la Russie et la Prusse, ainsi que l'Angleterre.

Les déclarations et les promesses doivent être franches, publiques, solennelles; un respect religieux des promesses données, doit prouver à toute l'Europe la *loyauté* des souverains qui vont fixer ses destinées.

Pour être *constans*, *fermes*, *énergiques*, les cabinets doivent tracer d'avance le plan de réorganisation de l'équilibre politique qu'ils veulent rétablir, et présenter aux peuples cette base fondamentale de la paix, avec l'inébranlable résolution d'exécuter le plan convenu et arrêté, quant à ses principales dispositions.

Ces moyens, seuls efficaces pour réparer les malheurs passés, pour faire évanouir les dangers présens, concilieront tous les esprits et tous les cœurs à la cause des puissances alliées.

Ils les présenteront à l'opinion publique et à l'Europe, comme libératrices et pacificatrices. Leur ennemi, signalé comme ennemi public de l'humanité, sera impuissant, dès qu'on aura reconnu que l'Europe et la France peuvent exister sans lui, et s'accorder sans son intervention; dès qu'elles auront abjuré ces haines nationales, dont il étoit le seul auteur et la seule cause. Ainsi tourneront à sa confusion et à sa honte éternelle ces machinations odieuses, décorées du nom de *politique*, qui n'avoient d'autre but que de diviser pour régner, d'établir sur les dissensions intestines de la famille européenne l'accomplissement de son vœu, imprudemment manifesté, d'être avant peu d'années le seul chef, le maître absolu et suprême de l'Europe.

.... Je n'ai fait que passer; il n'étoit déjà plus....

IV.*

Intérêt commun de tous les gouvernemens.

Persister dans l'unité et dans la continuité de leurs efforts pour finir la guerre, et pour conclure une paix durable, qui renferme la France dans ses limites naturelles, et qui lui rende un gouvernement ami de l'ordre et de la tranquillité; voilà l'intérêt commun de tous les gouvernemens et de tous les peuples.

Si le chef actuel de la France avoit su bien calculer ses véritables intérêts, à l'époque du traité d'Amiens, et même à l'époque de chacun des traités qui ont suivi ses victoires, il auroit senti que la justice, la modération et la bonne foi pouvoient seules légitimer son autorité, consolider son influence, purifier sa gloire. Il n'auroit pas exposé, tous les ans, de gaieté de cœur, en véritable joueur politique et en aventurier, sa domination usurpée et précaire à des chances nouvelles de guerres interminables. Mais, il s'étoit fait une autre politique; il ne croyoit pas pouvoir coexister avec les autres gouvernemens. Il avoit conçu le projet insensé de les détruire les uns après les autres, de régner seul, d'établir une dynastie unique en Europe, de sacrifier toute la génération présente à son plan, de faire servir l'ambition prétendue de l'Angleterre de voile et de prétexte à son ambition personnelle et à ses éternelles incursions dans les états du continent, d'aveugler ainsi et d'enchaîner successivement tous les souverains et toutes les nations, pour s'élever à la fin sur leurs ruines.

C'est par l'oubli de ses vrais intérêts qu'il a provoqué le réveil et préparé le salut de l'Europe, en se répandant avec ses bandes guerrières, comme un torrent destructeur, auquel on a senti la nécessité d'opposer des digues pour arrêter ses ravages.

Aujourd'hui, c'est par le sentiment profond et unanime de leur *intérêt commun*, d'un *système d'équilibre politique et de pacification générale, fortement établi en Europe*, que les rois peuvent conserver et affermir leurs trônes, rendre la tranquillité et le bonheur à leurs peuples.

En exposant les maux publics et leurs causes, en signalant leur auteur, en rappelant les fautes commises, en indiquant les mesures propres à les réparer, j'ai mis en évidence le véritable intérêt des gouvernemens, qui consiste, je le répète, à rester *unis*, à se montrer *modérés*, *désintéressés*, *généreux*, *fermes* et *inébranlables* dans leur résistance, jusqu'à ce qu'ils aient consommé leur plan et dicté une paix avouée par la sagesse, posée sur des fondemens solides, qui ne renferme aucune semence de discorde et de guerres nouvelles.

V.

Bases possibles et raisonnables de la paix.

QUELLES peuvent être les conditions de cette paix, les bases possibles et raisonnables d'une *fédération* générale *européenne*, propre à la garantir ?

Cette grande et importante question, qui fourniroit seule le sujet de longues et graves méditations et d'un traité complet de politique, ne peut être discutée à fond dans ce mémoire. Nous allons offrir seulement quelques idées qui s'y rapportent, en parcourant les différens états destinés à former les anneaux d'une chaîne étroite et indissoluble dont se composera la fédération ou ligue européenne, établie pour le maintien de la paix.

I. RUSSIE. Le premier besoin de la *Russie* est d'accélérer et de perfectionner la civilisation de ses vastes états. Une paix générale peut seule lui fournir les moyens de consommer ce grand ouvrage, commencé par Pierre-le-Grand, continué par les deux Catherine, et que l'empereur Alexandre, dès la première année de son règne, s'est montré digne de poursuivre avec succès et avec gloire. Cette noble entreprise, digne d'un siècle et d'un prince éclairés, exige toute son attention, tous ses soins, et lui méritera la reconnoissance et l'admiration de ses contemporains et de la postérité.

La modération, le désintéressement conviennent à une puissance aussi influente que la Russie. Elle n'avoit rien fait qui pût motiver la guerre dirigée contre elle; *cette guerre est devenue l'occasion de la délivrance de l'Europe.* La Russie, qui paroissoit d'abord n'avoir à combattre que pour sa défense légitime, s'est trouvée armée pour les libertés du continent. Elle doit conserver toute la noblesse du rôle qui lui est assigné. Aucune vue d'ambition personnelle et d'agrandissement ne doit corrompre sa politique, déshonorer ses triomphes, et fournir des prétextes aux calomnies qui lui ont fait supposer des projets envahisseurs.

II. POLOGNE. L'auteur du présent mémoire ose compter assez sur la magnanimité de la Russie et de son jeune et auguste souverain, pour lui proposer de consentir à la renaissance de la *Pologne*. Que cette nation malheureuse lui soit redevable d'une nouvelle existence ; qu'elle soit reconstituée comme un état indépendant, administrée par un gouvernement monarchique tempéré (dont le chef pourroit être un prince de la maison impériale de Russie), sous la protection spéciale de cette puissance, et sous la garantie de la Prusse, de l'Autriche et de la Turquie.

III. Prusse. La *Prusse* ne pourra cicatriser que par une longue paix les plaies profondes des guerres successives qui ont ravagé ses provinces. Elle doit se serrer fortement contre la Russie, et concourir généreusement au rétablissement de la Pologne, en recevant, s'il y a lieu, des indemnités du côté de la Westphalie.

Peut-être seroit-il convenable et utile d'établir une *confédération* particulière *du nord*, composée de la Russie, de la Pologne, de la Prusse, dans laquelle on pourroit faire entrer la Suède et le Danemarck.

IV. Corps Germanique et Autriche. Le *Corps Germanique*, dont les liens, usés par le temps et par les circonstances, avoient perdu leur solidité, a besoin d'être réorganisé de manière à jouir de l'union et de la tranquillité intérieures, et à ne point menacer au dehors la sûreté de ses voisins.

L'empereur d'Autriche et d'Allemagne paroîtroit devoir être le chef naturel de la confédération germanique. Les différens états qui en feroient partie, devroient conserver leur indépendance fortement garantie, et n'être obligés de prendre les armes que pour une guerre défensive, évidemment nécessaire. Ils ne pourroient se faire la guerre entre eux; mais, tous leurs différends seroient soumis à un tribunal suprême, dont les membres formeroient une sorte de congrès.

L'un des traits principaux de la civilisation a été l'établissement des cours de justice, substituées à ces combats singuliers et à ces épreuves qui faisoient triompher, non la cause la plus juste, mais le droit du plus fort ou les fourberies du plus rusé. Un progrès plus important de la civilisation doit consister dans l'adoption solennelle, consacrée par les souverains, des moyens les plus propres à garantir les différens états du fléau de la guerre, et à faire soumettre les objets de litige qui surviennent entre eux à une discussion publique et impartiale, à un arbitrage pacifique, à une décision supérieure et suprême d'un congrès établi et reconnu par les parties intéressées.

Les membres du corps germanique ne devroient pouvoir s'engager individuellement dans aucune guerre offensive au dehors, sans l'aveu du congrès.

Plus les rois se lieront les mains dans toutes les choses qui sont évidemment nuisibles à la félicité de leurs peuples, comme la guerre, plus ils augmenteront et affermiront leur puissance de faire le bien, la seule dont ils doivent être jaloux.

Une réunion de savans publicistes et d'habiles jurisconsultes, versés dans la connoissance de l'ancien droit public allemand, et de quelques hommes d'état éclairés, bien pénétrés des vrais besoins de l'Allemagne et de l'Europe, pourroit mûrir les bases et combiner les élémens de la nouvelle *Confédération Germanique* : on y feroit entrer, comme parties contractantes, l'*Autriche*, la *Bavière*, le *Wurtemberg*, la *Saxe*, les grands-duchés de *Wurtzbourg*, de *Francfort* et de *Bade*, etc., la *Westphalie*, dont le territoire fourniroit des indemnités aux princes qui pourroient y avoir des droits, et les *Villes Anséatiques*. (Celles-ci pourroient faire partie de la confédération du nord, dont il a été fait mention.)

Une question délicate et importante, sur laquelle nous ne pouvons rien préjuger, sera celle de savoir, si, pour l'intérêt même de l'Angleterre et du continent, il convient que le roi de la Grande-Bretagne redevienne un des membres du corps germanique, par la réoccupation du *Hanovre*.

V. HOLLANDE. La malheureuse *Hollande*, qui la première avoit présenté à l'Europe le spectacle imposant et instructif des magiques effets d'une sage économie et des prodiges d'une industrieuse activité, doit reparoître sur le tableau des puissances, comme un état indépendant, sous la protection spéciale de la Russie, de la Prusse et de l'Angleterre, et sous la garantie de la France et du Corps Germanique, qui s'engageront à reconnoître, à respecter et à défendre au besoin son existence politique.

VI. SUISSE. L'indépendance et l'intégrité du territoire de la *Confédération Helvétique*, qui pourra voir renaître son industrie, ses manufactures, la liberté de son commerce, sa prospérité intérieure, devront être également garanties par l'Autriche, par le Corps Germanique, par la Russie et par la France.

VII. ITALIE. L'*Italie*, si long-temps victime des fureurs des étrangers, qui en faisoient un théâtre de carnage, doit être organisée comme un *état fédératif indépendant*, sous la protection spéciale de l'Autriche, et sous la garantie du Corps Germanique, de la France, de l'Espagne, de l'Angleterre et de la Russie.

Les états particuliers de *Naples*, de *Rome*, de la *Toscane*, de la *Ligurie*, du *Piémont*, de la *Lombardie*, aujourd'hui *royaume d'Italie*, comprenant l'ancien état de *Venise*, pourront être réorganisés avec différentes modifications. Comme il convient néanmoins qu'un état fédératif, pour être fortement constitué, ne se compose pas de portions de territoire trop divisées; et comme la nouvelle organisation de l'Europe doit se concilier, autant qu'il est possible, avec la situation présente des choses, en évitant les nouveaux changemens qui ne sont pas absolument nécessaires, il seroit utile de reconnoître et de garantir l'existence actuelle des deux royaumes d'Italie et de Naples. On pourroit même conserver à la tête du royaume d'Italie, dans lequel on comprendroit les villes de Parme et de Plaisance, le jeune prince chargé jusqu'ici de son gouvernement, qui a fait tout le bien que lui a permis son peu d'autorité, qui est étranger au mal qu'il étoit quelquefois obligé de faire, *contre sa volonté*, en multipliant à l'infini les levées d'hommes, les impôts, les mesures oppressives de finances, de police et de guerre; qui s'est concilié l'estime, la confiance et l'affection des Italiens par sa modération. Il importera de placer, dans les autres états d'Italie, des souverains capables de faire aimer leur autorit é, de réparer les maux de cette belle contrée, et d'en lier les peuples entre eux par une ligue fédérative, dont les bases soient analogues à celles proposées pour le Corps Germanique.

La maison d'Autriche, qui doit rentrer dans la possession de l'Illyrie, a le plus grand intérêt à traiter l'Italie avec modération et loyauté. Elle en tirera des avantages plus réels, par des relations commerciales bien cimentées, qui assureront la prospérité de Trieste et des provinces Illyriennes, que par une domination directe, dont les avantages seroient douteux et précaires. Il est temps que l'Italie existe par elle-même, et qu'au lieu d'obéir à des maîtres étrangers et éloignés, elle possède sur son territoire ses propres souverains, dont la présence est pour un peuple un moyen essentiel de prospérité.

VIII. Iles Ioniennes. Le sort des *îles Ioniennes*, ainsi que de *Raguse* et de *Malte*, devra être fixé de concert par la Russie, l'Autriche et l'Angleterre, d'après des vues libérales, favorables à la liberté des relations commerciales et à la navigation de la Méditerranée.

IX. Servie. Il importe de faire cesser la guerre prolongée depuis plusieurs années entre les *Serviens* et les *Turcs*. Il est digne des puissances alliées d'étendre leurs pensées à toutes les parties de l'Europe, et de généraliser les bienfaits de la paix.

X. Turquie. La *Turquie*, qui pourroit devenir plus tard une pomme de discorde, doit être rattachée aux intérêts du continent par les liens de la navigation et du commerce. La politique des cabinets européens doit lui faire apprécier, dans un système de paix immuable, la garantie de son existence et les moyens de faire participer ses peuples aux avantages de la civilisation.

On pourroit exiger de la Porte qu'elle fît affranchir la navigation de la Méditerranée des pirateries des puissances barbaresques, et du honteux tribut que leur paient quelques puissances de l'Europe (1).

---

(1) Cette vue politique, qui n'est ici qu'indiquée, la *nécessité de faire cesser les pirateries des états barbaresques*, est devenue l'objet d'une belle et philanthropique entreprise, conçue et préparée par le célèbre amiral anglois Sidney Smith, et honoré de l'approbation des principaux souverains de l'Europe, qui paroissent devoir concourir à son exécution. Il est temps d'affranchir la navigation de la Méditerranée

XI. Espagne et Portugal. L'indépendance de la brave *nation espagnole* et celle du *Portugal* doivent être proclamées et garanties. Une *ligue fédérative du midi* pourroit être organisée avec succès, dans ces deux contrées, sous la protection spéciale de l'Angleterre, et sous la garantie de l'Autriche, de la Russie et de la France.

XII. Suède. La *Suède* conservera les possessions coloniales qui lui ont été promises par l'Angleterre, et qui sont une indemnité légitime de ses généreux efforts pour la liberté continentale.

XIII. Danemarck. Le *Danemarck* devra nécessairement expier la conduite vacillante et l'espèce d'abandon de la cause commune, qui lui ont paru commandés impérieusement par sa foiblesse, par sa dépendance, par les embarras et les dangers de sa position. Néanmoins, à l'égard des états du second ordre, qui ont été précipités dans un tourbillon et entraînés comme satellites par une force supérieure, on ne

---

des vexations et des dangers de tout genre auxquels tous les pavillons sont exposés. La guerre devient utile et honorable, lorsqu'elle tend à protéger le commerce, la liberté des mers, et à garantir la sécurité générale et les bienfaits de la civilisation. (Note de l'éditeur de ce Mémoire.)

doit jamais oublier qu'*une extrême indulgence est une extrême justice.* Une sorte de nécessité inévitable, qui les a opprimés, est leur excuse.

XIV. France. La *France*, quoiqu'elle ait été déjà victime de l'égoïsme et des atroces calculs du dominateur, doit descendre du rang de suprématie (incompatible avec la sûreté et la tranquillité de l'Europe et avec les vrais intérêts et la félicité de la nation françoise), que son chef avoit voulu s'arroger à lui seul, aux dépens du peuple qu'il sacrifioit. Elle doit rentrer dans les limites que la nature elle-même semble lui avoir fixées : d'un côté, le cours du Rhin, qui la sépare de l'Allemagne et de la Hollande; de l'autre, l'Océan; puis les remparts des Pyrénées, la mer Méditerranée, la chaîne des Alpes et la Suisse (1).

(1) Cette doctrine politique des *limites naturelles de la France*, étoit généralement reconnue en Europe au moment où ce Mémoire a été écrit, et avoit été consacrée par plusieurs traités comme pouvant établir un juste équilibre entre la France et les autres puissances. Elle n'a été désavouée qu'à l'époque où l'ambition démesurée de Buonaparte, ne connoissant aucunes bornes à ses plans d'envahissement et de conquêtes, et voulant agrandir au delà de toute proportion son gigantesque empire, a disposé les cabinets européens à user de re-

Il seroit à désirer, pour la tranquillité de l'Europe, et même pour la prospérité intérieure de la France, afin que cette nation guerrière, et trop facilement docile au joug, ne fût pas, une seconde fois, dans les mains d'un chef ambitieux, un instrument de conquête et de destruction, qu'on pût, en conservant l'indépendance, l'unité et l'intégrité du territoire françois, organiser cette grande contrée en *union fédérative*, sous le gouvernement de l'impératrice régente, assistée d'un conseil de régence, qui distribueroit de grands gouvernemens militaires, ou provinces, aux premiers personnages de l'état, chargés d'y tenir les rênes de l'administration publique, avec l'assistance de *conseils* ou *d'etats provinciaux*.

Ainsi seroit résolu le double problème :

1°. Conserver la monarchie et la patrie fran-

---

présailles envers la nation, devenue l'instrument et la victime de ce nouveau *fléau de Dieu*, et à faire rentrer la France dans ses anciennes limites, par la crainte qu'un chef habile et guerrier n'abusât une seconde fois de sa puissance pour troubler les états voisins. Les souverains alliés sentiront néanmoins que la France, régulièrement constituée, succédant au colosse impérial, doit obtenir d'eux plus de confiance; et qu'il importe à la garantie respective des autres états, qu'elle conserve une extension de territoire proportionnée à celle qu'ils ont acquise eux-mêmes. (Note de l'auteur en 1814.)

çoises intactes, divisées en portions assez puissantes par elles-mêmes pour résister à l'influence dominatrice et malfaisante d'un seul chef, qui voudroit entraîner l'état dans des guerres d'ambition et de conquête; empêcher la capitale de la France d'absorber tout l'Empire, qui se trouve ainsi toujours à la merci d'une révolution d'état et d'un coup de main dans une seule ville.

2°. Ménager à l'autorité suprême, en France, des moyens faciles de satisfaire l'ambition et de récompenser les services des principaux personnages de l'état, qui, après l'agitation d'une vie publique livrée à de grands intérêts, conserveroient un caractère turbulent et inquiet, s'ils étoient condamnés à la nullité d'une existence absolument privée, oisive et obscure, sans considération, sans influence et sans gloire.

Quant au chef actuel des François, il est impossible, pour l'honneur et pour le bonheur de la France, victime de la folie et de l'extravagance de ses plans, et pour la sûreté de l'Europe, de lui laisser aucune part dans le gouvernement. Il a prouvé, depuis dix ans, son incapacité absolue de gouverner sagement un état. Il a englouti, sans but raisonnable et sans aucun résultat, plus d'hommes et de millions qu'aucun des conquérans dévastateurs qui ont désolé la terre.

Un grand exemple, qui sera le plus juste châtiment de cette ambition criminelle et insensée à laquelle il a sacrifié la population françoise et toute l'Europe, doit le condamner à une entière nullité. L'île de Corse, sa patrie, pourroit lui servir d'asile, si elle ne rejette pas de son sein avec indignation celui dont la postérité la plus reculée lui reprochera la naissance, qui est devenue pour le monde entier une source de calamités. Sinon, qu'il aille chercher un asile sur le même sol de l'Amérique, où il avoit forcé le brave et estimable général Moreau d'aller ensevelir sa destinée. D'autres rois contemporains, ceux de Suède, d'Espagne, de Hollande, lui ont appris qu'on peut descendre du trône et vivre en homme privé. La morale publique et la dignité des souverains, cruellement outragées par sa conduite et par ses succès, ont besoin d'être vengées. On lui laissera la vie, pour qu'il puisse méditer sur les crimes qui ont mis un terme à son usurpation, qu'il auroit pu légitimer et affermir par une conduite sage et modérée. Le tableau et le contraste du mal immense qu'il a fait, du bien immense qu'il auroit pu faire, en profitant des circonstances favorables, et uniques peut-être, dont il a si étrangement abusé, formeront un morceau d'histoire digne d'exercer la plume d'un Tacite ou d'un Robertson.

XV. Angleterre. C'est l'*Angleterre*, il faut l'avouer, qui a été le boulevard et la conservatrice de la civilisation européenne. Elle doit cet avantage à la sagesse de sa constitution, à la force de son esprit public, à l'énergie de son gouvernement et de la nation. Il importe à son honneur, à sa liberté, à son existence politique, de conserver ce noble caractère. L'Angleterre jugera digne d'elle de donner l'exemple de la modération aux puissances du continent. Elle doit être assez généreuse pour restituer une partie de leurs colonies à la Hollande, à l'Espagne, et même à la France. —Une répartition proportionnelle et bien combinée des possessions coloniales entre les principales puissances de l'Europe, suivant leur influence commerciale respective, formeroit le sujet d'un vaste et utile travail, pour lequel l'auteur du présent mémoire n'a point les lumières ni les renseignemens nécessaires.

Il seroit également digne de l'Angleterre et des souverains de l'Europe de mettre à exécution le projet réparateur de la population et des finances, d'opérer une *réduction proportionnelle convenue dans l'état militaire des diffé-*

rentes puissances du continent, véritable et nécessaire garantie de la paix.

On terminera ces considérations sur la situation et les intérêts de l'Europe par une vérité générale, adressée surtout à l'Angleterre, qui est assez éclairée pour l'apprécier, assez magnanime pour en faire l'application.

Une puissance du premier ordre, qui, par la nature des choses, est appelée à exercer une grande influence, rendra cette influence d'autant plus honorable et solide, qu'elle la fera aimer par la modération, par le désintéressement, par la sagesse. En politique, comme en morale, le mal ou le bien qu'on fait rejaillit sur son auteur. Une nation qui fera servir sa puissance au bonheur de toutes, prendra le système de conduite le plus propre à la rendre elle-même heureuse et florissante.

QUELQUES FRAGMENS

EXTRAITS DU PORTE-FEUILLE POLITIQUE

DE BUONAPARTE,

OU

MÉMOIRES

SUR LES INTÉRÊTS POLITIQUES DE L'ITALIE ET SUR CEUX DE LA FRANCE,

Remis, à deux époques importantes, au premier consul Buonaparte, et destinés à prévenir d'immenses malheurs, si les vérités qu'ils renferment, et qui leur donnent un caractère prophétique, n'eussent pas été méconnues et repoussées.

« Tuer un homme, c'est détruire une créature raisonnable ; mais, étouffer un bon écrit, c'est tuer la raison elle-même. Beaucoup d'hommes n'ont qu'une vie purement végétative, et pèsent inutilement sur la terre ; mais un écrit (inspiré par l'amour de la patrie et de l'humanité), est l'essence pure et précieuse du sentiment et de la pensée……

« …… La perte de la vie, quoiqu'irréparable, peut quelquefois n'être pas un grand mal ; mais, il est possible qu'une vérité qu'on aura rejetée ne se reproduise plus dans la suite des temps (ou que son apparition soit trop tardive), et que sa perte (ou le retard de sa publication) entraîne le malheur des peuples.

« L'intelligence et la vérité ne sont pas des denrées propres au monopole, ni dont on doive soumettre le commerce à des règlemens particuliers……

« Otez-moi toutes les autres libertés ; mais laissez-moi celle de parler et d'écrire selon ma conscience…… La liberté de publier ses pensées est la sauve-garde et le phare des gouvernemens…… La servitude intellectuelle entraîne l'oppression du peuple, nécessairement suivie de l'esclavage et de la chute du prince. »

(MILTON. *Discours prononcé devant le parlement d'Angleterre, en faveur de la liberté de la presse, illimitée et sans aucune censure.*)

AVERTISSEMENT

DE

L'ÉDITEUR.

L'ÉDITEUR, entre les mains duquel se trouvent les mémoires manuscrits qu'on imprime aujourd'hui, sans se permettre d'y faire aucune espèce de retranchement, ni de changement de rédaction, croit utile, en les publiant, d'augmenter le nombre des mémoires des temps actuels qui fourniront des matériaux à l'histoire. Cette publication fera d'ailleurs connoître que si Buonaparte a entretenu, consulté, accueilli, payé des conseillers fourbes et traîtres, qui poussent aujourd'hui l'impudence et l'infamie jusqu'à se faire publiquement un honteux honneur de s'être insinués dans sa confiance intime, et de lui avoir donné des avis perfides pour le perdre, il s'est aussi trouvé des François purs, nobles, généreux, qui lui ont dit la vérité avec courage, aux dépens même de leur avancement, de leur fortune, et quelquefois de leur tranquillité et de leur sûreté, dans la seule vue de servir leur patrie, et de prévenir d'immenses malheurs, en présentant toujours au chef de l'état les vrais intérêts de la nation et de l'humanité, comme liés si étroitement aux intérêts de sa puissance et de sa gloire, qu'il ne pouvoit négliger les uns sans trahir les autres.

Les deux écrits qui vont suivre renferment à la fois des vérités générales, qu'on ne sauroit trop reproduire, et dont plusieurs peuvent trouver encore leur application, et des vérités locales ou de circonstance, dont l'appréciation exacte ne peut avoir lieu, qu'autant qu'on se reportera de bonne foi au temps où l'auteur écrivoit, et qu'on se retracera fidèlement la situation politique des deux pays (l'Italie et la France), sur lesquels il a présenté des observations.

Ces deux pièces, qui ne sont pas, à beaucoup près, les seules du même genre, envoyées à la même adresse, prouveront, d'un côté, que les principes conservateurs de l'ordre social ont eu des défenseurs énergiques, et la patrie de nobles et fidèles interprètes de ses vœux pour une sage liberté; de l'autre, que ce n'est point la connoissance de la vérité et des intérêts réels des peuples qui a manqué à Buonaparte pour opérer le bien, soit en faveur de l'Italie, dont il auroit pu et dû fonder l'indépendance et fixer les destinées, soit relativement aux institutions politiques en France, où il dépendoit de lui d'établir une autorité fondée sur les lois et sur le bonheur de la nation, au lieu d'une tyrannie effrénée, meurtrière, aussi dévastatrice dans l'intérieur qu'au dehors de l'Empire, et dont plusieurs millions d'hommes ont péri victimes, dans un intervalle de dix années.

L'auteur de ces mémoires avoit occupé des fonctions supérieures, administratives et militaires, dans plusieurs armées, et il avoit servi d'une manière honorable et distinguée. Son avancement a été interrompu, et sa carrière entièrement fermée, pour prix de la franchise et de la loyauté avec lesquelles, invité dans diverses circonstances à rédiger des mémoires sur des objets d'intérêt public, de politique ou d'administration, il a toujours écrit et dit, sans déguisement, ce qui lui a paru être la vérité, en se trahissant ainsi lui-même pour servir la patrie et le gouvernement.

Nous insisterons sur cette vérité générale : que ceux qui ont servi avec probité les gouvernemens éphémères, auxquels succède enfin un gouvernement paternel et réparateur, ont donné la plus forte garantie de la probité et de la fidélité avec lesquelles ils serviront le Roi, rappelé par les vœux des François. Ceux, au contraire, qui ont trahi par leurs bassesses, par leurs infâmes adulations, ou par leurs perfides conseils, les gouvernemens antérieurs, et qui se sont ainsi rendus complices et responsables des calamités de tout genre que ces gouvernemens ont répandues avec profusion sur notre patrie, continueroient de trahir avec d'autres couleurs, en prenant même au besoin le masque de la probité et de la vertu, le gouvernement qui seroit assez foible ou assez aveugle pour leur accorder encore quelque confiance. Les hommes énergiques et francs, purs et austères, capables de faire entendre au descendant de Henri IV le noble langage de Sully, peuvent seuls entourer le trône de cette puissance de la vérité, de cette force morale de l'opinion publique, sans lesquelles la puissance politique et la force militaire sont d'inutiles soutiens des monarchies.

Le *premier mémoire, sur l'organisation fédérative et indépendante de l'Italie*, composé peu de jours après la mémorable victoire de Marengo, et remis en mains propres au Premier Consul, le 10 juillet 1800, avoit pour objet de prévenir les nouvelles révolutions politiques, les guerres et les malheurs de tout genre qui ont continué à désoler cette belle contrée. Ce projet d'organiser et de faire reconnoître, par les puissances européennes, un corps fédératif italique, formé de tous les princes et états souverains existant alors en Italie, qui se seroient garanti mutuellement leur indépendance et leur sûreté individuelle contre toute aggression étrangère, convenoit à la fois aux intérêts de la France et de l'Autriche, en ce qu'il leur ôtoit des occasions et des prétextes de guerres nouvelles. L'Italie, divisée en petites souverainetés, et dès lors trop foible pour menacer ses voisins, mais organisée en corps fédératif, et rendue assez forte pour se maintenir à l'abri d'une invasion, devenoit une barrière entre l'Autriche et la France, et une garantie de la paix générale de l'Europe, trop souvent troublée par ces deux grandes puissances, qui ont fait de la malheureuse Italie une arène ensanglantée.

C'est par l'Italie que l'Autriche a toujours été le plus exposée à la guerre. Lorsqu'une armée est une fois descendue dans les plaines de la Lombardie, elle ne peut plus en être expulsée que par des forces très-supérieures.

L'Angleterre, l'Espagne et la Russie avoient

le même intérêt à ce que l'Italie fédérative, maintenue dans un état permanent de neutralité, pût conserver l'indépendance politique, la liberté et la tranquillité intérieures, favorables et même nécessaires au système des relations commerciales, qui auroient pu s'établir entre les différentes parties de la grande peninsule italiqué et les habitans des îles britanniques, de la péninsule espagnole, et des contrées, tant du nord que du levant.

Il étoit donc facile d'amener tous les souverainsà donner leur adhésion au plan d'organisation de la ligue fédérative italienne, qui seconcilioit parfaitement avec l'existence des différens états déjà reconnus en Italie, même de ceux qui étoient gouvernés au nom de la maison d'Autriche.

Le *second mémoire*, sur les *institutions politiques à donner à la France*, au mois de floréal de l'an 12 (mai 1804), renferme des vues nécessairement subordonnées au plan, *dès lors arrêté*, de substituer à la dignité consulaire à vie, le titre et les pouvoirs d'un empereur héréditaire. Des éloges, toujours mêlés à des leçons, servent de passe-port et de correctif aux vérités, qui auroient blessé trop ouvertement celui qu'on espéroit ramener, par le sentiment de son intérêt, à des idées de modération et de sagesse. Il ne s'agissoit point de proposer avec liberté les meilleures institutions possibles, mais les plus supportables, relativement à la situation des choses, et au caractère du chef de l'état, dont la volonté ambitieuse et absolue s'étoit déjà trop fait connoître. Comme il ne rencontroit aucun obstacle à l'exécution de ses projets, ni dans les premières autorités, ni dans la nation, ni dans l'armée, on ne pouvoit opposer au penchant impérieux qui l'entraînoit, que l'action de sa propre raison, si elle eût été susceptible d'écouter et d'apprécier la vérité. Il falloit donc, pour le disposer à réduire ses prétentions immodérées, à respecter et à garantir les droits et les libertés de la nation, lui présenter des mémoires écrits à la fois dans le sens de l'affermissement de son autorité, toujours combinée avec le libre développement de la prospérité publique, et surtout dans un esprit de patriotisme sage, de modération et de prévoyance, propre à garantir à la France les bienfaits d'une monarchie réglée par les lois, substituée à une dictature sans bornes et sans rivages. Si l'auteur pouvoit être appelé l'*homme des illusions*, il étoit du moins excusable et même respectable (1), en ce qu'il vouloit sincèrement assurer le bonheur de son pays, et empêcher Buonaparte de devenir, pour le malheur de la France et de l'Europe, l'*homme des abîmes* et le fléau de l'humanité.

---

(1) Les rêves d'un homme de bien, en faveur de l'humanité, dit M. de Guibert, dont le beau génie étoit inspiré par une grande âme, ont quelque chose de respectable.

I.

MÉMOIRE

SUR L'ORGANISATION FÉDÉRATIVE ET INDÉPENDANTE DE L'ITALIE,

Remis au premier consul Buonaparte, le 21 messidor an 8 (10 juillet 1800), après la bataille de Marengo.

QUELQUES IDÉES SUR L'ITALIE ET SUR LA PAIX, ADRESSÉES AU CITOYEN BONAPARTE, PREMIER CONSUL DE LA RÉPUBLIQUE FRANÇOISE.

Italiam, Italiam...... (VIRGILE.)

CITOYEN CONSUL,

Au moment où je vais quitter l'Italie pour rejoindre à Dijon la nouvelle armée de réserve, je crois pouvoir, comme vous m'y avez autorisé dans notre dernier entretien, vous écrire avec confiance et avec franchise, sur l'état actuel de l'Italie, et sur les grands intérêts politiques qui vous sont confiés. Vous ne verrez dans ma lettre que l'expression de la vérité, dictée par un double sentiment, l'amour de la patrie, et celui de votre gloire.

Les intérêts de votre gloire et ceux de la France et de l'Italie sont en effet inséparables.

La gloire n'est que l'estime publique prolongée dans les siècles. L'estime publique ne s'accorde qu'aux grandes actions, et aux plans vastes et durables. Les grandes actions sont celles qui ont pour but le bonheur des hommes ou d'une nation; les plans vastes et durables sont ceux qui ont pour base le bien public.

Votre gloire est attachée à ce que les destinées de la France et de l'Italie ne soient plus précaires et incertaines, à ce que la république françoise ait son existence garantie par de bonnes mœurs et de bonnes lois; à ce que son gouvernement ne soit plus en butte à l'avidité des factions, ni aux ambitions particulières, ni aux vicissitudes des révolutions; à ce qu'il soit composé et renouvelé périodiquement, de manière qu'il se trouve essentiellement intéressé à maintenir et à consolider la paix extérieure et la paix intérieure, et à diriger l'activité du génie national vers l'agriculture, le commerce, les manufactures et tous les objets de prospérité publique; à ce que les différentes fonctions, tant administratives que judiciaires, soient confiées à des mains sages et pures, qui fassent estimer et aimer en tous lieux l'autorité supérieure, d'où émanent les autres pouvoirs; à ce qu'enfin l'éducation nationale soit tellement organisée, qu'elle répare promptement les pertes de la guerre, et crée, sur toutes les parties du territoire françois, des soldats, des artistes, des agriculteurs, des citoyens, un esprit public, une énergie productrice des vertus, des talens et des arts, une nation neuve, fière et indépendante. Là est votre gloire, citoyen Consul; elle ne se bornera pas à votre vie; mais elle couvrira votre tombeau de palmes immortelles. Toutes les familles françoises vous béniront; vous aurez opéré la grande fusion de toutes les passions individuelles dans le sentiment unique du vrai patriotisme et de la félicité nationale. Vous aurez rendu la France florissante au dedans et respectable au dehors: on dira de vous que vous n'avez point lancé les foudres de la guerre par une vaine ambition de ravager le monde, mais pour arriver à un but salutaire, pour ramener à sa direction primitive une grande révolution détournée de son cours, pour arracher une nation long-temps malheureuse à la dissolution et au chaos, à des influences étrangères et funestes, au double fléau du despotisme et de l'anarchie.

Votre gloire est également intéressée à ce

que vous fixiez, sur des fondemens immortels, le sort de cette déplorable Italie, condamnée depuis si long-temps à être, pendant la guerre, le théâtre des fureurs des étrangers; pendant la paix, la victime de l'avidité des vainqueurs.

Vous avez été surnommé l'*Italique* : vous désirez sans doute conserver dans la postérité ce surnom glorieux; mais, il ne sera pour vous une propriété solidement acquise et inaliénable, qu'autant que l'Italie sera devenue une ligne de neutralité; une barrière d'airain entre la France et l'Autriche.

Il faut isoler l'Autriche de l'Italie; mais il faut que la France sache aussi s'en isoler et lui laisser son indépendance.

L'idée de faire de l'Italie une république indivisible a été long-temps le plan favori et l'espoir des Italiens, amis de la liberté. Mais, on a opposé à ce projet des préjugés et des craintes, tantôt que l'Europe ne voudroit point consentir à une paix basée sur une pareille condition, tantôt qu'une grande république italique pourroit devenir un jour dangereuse à la France elle-même qui l'auroit créée.

Sans discuter ici ces deux objections, ni admettre l'organisation d'une seule république italique, je crois qu'il faut convenir du principe suivant :

Tous les petits états qui composoient l'Italie, ayant été désorganisés et dissous, ne peuvent plus être reconstitués d'après leurs anciennes divisions. Il faut une organisation nouvelle, définitive, basée sur les exactes proportions d'un sage équilibre politique.

On pourroit donc admettre une division de l'Italie, telle qu'on y formât quatre ou cinq états séparés, dont trois aux extrémités ; savoir : la république Vénitienne, limitrophe de l'Empire ; l'état de Naples, qui nous garantit la Méditerranée ; un troisième état formé de Gênes, du Piémont et de la Lombardie ; enfin, un ou deux états au milieu, sous telle dénomination qu'on jugeroit convenable, qui pourroient être laissés à des princes de la maison d'Espagne, pour resserrer les nœuds de cette puissance avec la République françoise.

Si le résultat de la guerre actuelle, qui a bouleversé l'Europe et le monde entier, doit être, par la force seule des choses et par le cours inévitable des évènemens, de donner au continent européen une *paix générale établie sur des fondemens solides et sur un juste contre-poids des gouvernemens de différente nature;* si tous les habitans des divers états d'Italie sont convaincus de cette vérité : que *leur isolement et leur désunion les ont rendus victimes de toutes les dissensions des pays environnans ;* pourquoi ceux dont la patrie a été la proie des querelles meurtrières des étrangers, ne songeroient-ils pas à la garantir désormais du retour de ces calamités, dont une funeste expérience a fait connoître la cause et indiqué le remède?

(*Organisation d'une confédération italique. Avantages du système fédératif*).

Ce remède, et le seul moyen de mettre fin à l'état de dépendance et d'oppression dans lequel a si long-temps végété cette contrée, ne seroit-il pas d'*établir un pacte fédératif et une ligue défensive entre les états d'Italie, qui, en conservant à chacun d'eux les avantages d'une administration locale dans un territoire peu étendu, ajouteroit à ce bien précieux celui non moins nécessaire de la force d'un grand tout; le système fédératif étant suffisant pour la garantie d'un empire contre les invasions étrangères, et n'exposant point les peuples voisins à des guerres offensives, ni à des projets hostiles ou envahisseurs.*

Dans cette supposition, verroit-on de trop grands inconvéniens à ce que cette union fédérative fût formée entre des gouvernemens de différente espèce, et ne réussiroit-on pas à rendre la fédération italique compatible avec l'existence et la juxtà-position de républiques et d'états administrés par des princes (comme la confédération de l'empire germanique en fournit un exemple?)

Le grand intérêt général de l'Italie, le besoin impérieux pour elle de sortir d'une position toujours dépendante et précaire, est de devenir, comme je l'ai dit, une ligne de neutralité assez forte pour servir de rempart entre la France et l'Autriche, et pour n'être plus une arène sanglante toujours ouverte à ces deux puissances. La sécurité respective des différentes divisions de territoire comprises dans la presqu'île, ne seroit-elle pas un motif suffisant pour écarter tous les obstacles? et cette union féderative, placée sous la sauve-garde des autres puissances, telles que l'Angleterre, l'Espagne, la Russie et la Prusse, et même l'Autriche et la France, ne seroit-elle pas elle-même le plus sûr moyen d'assurer la paix génerale de l'Europe?

O Bonaparte! quelle gloire sera la vôtre!

comme elle sera pure et immortelle, si vous réalisez pour l'Italie ces grandes destinées; si vous fermez ainsi pour jamais ce temple de la guerre, ce cirque de gladiateurs; si vous y faites fleurir l'olivier; si, au lieu d'une race abâtardie par la domination étrangère, vous créez une génération nouvelle, un esprit national, un peuple indépendant et heureux!

Les esprits vulgaires, qui ne savent jamais embrasser qu'une sphère bornée, traiteront ces projets de vains et de chimériques; mais, il vous appartient de leur donner l'existence, à vous que la fortune a favorisé au point de vous placer à la tête du premier peuple du monde, dans un temps où une violente explosion politique a mis en action toutes ses ressources et toutes ses forces, qui vous sont confiées pour les utiliser (1).

Il ne faut qu'OSER et VOULOIR : aujourd'hui, vous pouvez tout pour le bien de votre pays; demain, si l'occasion s'est échappée, vous serez peut-être forcé de plier sous le joug impérieux des circonstances et de la nécessité (2).

---

(1) La puissance n'acquiert de valeur que par le bon usage qu'on en fait.

(2) Vérité prophétique, adressée à Bonaparte, en 1800; confirmée par l'évènement en 1814.

Je reviens à l'Italie. Elle est comme un bras qui s'étend du milieu de l'Europe à ses extrémités, pour dominer la Méditerranée, et servir de point de communication entre la Sicile, l'Asie, l'Afrique et le continent européen. Aussi a-t-elle constamment excité la jalousie de tous les princes, qui l'ont toujours scissionnée, divisée, asservie.

Ce beau sol, si riche, si fertile, ce magique climat, ces imaginations vives et ardentes, tout cela n'est point fait pour l'esclavage. Mais, l'éducation et le gouvernement ont une suprême influence sur le caractère et la destinée des peuples. Donnez une éducation guerrière et généreuse, un gouvernement national et indépendant: vous aurez d'autres hommes, une autre contrée; vous aurez procuré le bonheur à des peuples condamnés à l'avilissement et à l'infortune; vous aurez construit un grand édifice; vous aurez posé une base et une garantie de la paix universelle.

Les conquérans ne s'offrent que comme destructeurs des empires; heureux ceux qui savent user de la victoire, pour fonder des états destinés à jouir d'une longue prospérité!

L'Italie est, depuis trois années, tour à tour françoise, russe, autrichienne, angloise; il est temps qu'elle redevienne l'Italie, pour nos intérêts comme pour les siens. Les jours ne sont plus, où la politique autrichienne pouvoit espérer de s'approprier notre sang, nos victoires, et tous les résultats de ses habiles négociations.

Maître de donner la loi, vous profiterez du moment, pour être le Flaminius de l'Italie et le pacificateur de l'Europe. Vous savez qu'un si beau nom ne peut s'acquérir que par un traité solide et bien garanti, et non par une paix éphémère et plâtrée.

Il ne m'appartient pas de connoître et d'apprécier les motifs et les clauses de celle de Campo-Formio, qui néanmoins pouvoit se prolonger et servir utilement la France, sans l'ineptie du directoire. Mais, je ne crains pas d'avancer qu'une paix qui se borneroit aujourd'hui aux bases de celle de Campo-Formio, seroit peu solide, en exposant l'Italie à de nouveaux malheurs et la France à des guerres prochaines, et compromettroit à la fois notre patrie et votre ouvrage. Vous jugeriez au moins nécessaire alors que la république cisalpine fût agrandie et renforcée sur un autre point, et qu'elle conservât à la fois Mantoue et la ligne militaire de l'Adige, ainsi que Porto-Légnago, pour être à l'abri des tentatives de l'Empire.

Mais il me paroît bien à désirer qu'on puisse ne pas se départir de ce principe : *Isoler l'Autriche de l'Italie.*

Le premier Consul de la république françoise peut dire à la cour de Vienne : « Vous avez rompu la paix. Vous avez renoncé volontairement aux avantages que vous assuroit le traité de Campo-Formio. Nos victoires vous ont punie de votre aveugle docilité aux conseils des ennemis de la France. Aujourd'hui, nous vous laissons exister. Mais, rentrez dans vos limites ; et, si vous persistez à vouloir éprouver le sort des combats, craignez que la dynastie autrichienne ne disparoisse, et que la guerre ne porte chez vous le bouleversement et l'incendie, dont vous pouvez encore vous garantir. »

Si on ne lime pas les serres de l'aigle germanique, si l'ambition usurpatrice et insatiable de la maison d'Autriche n'est réprimée, en lui ôtant tous les moyens de s'y livrer, la guerre peut recommencer avant peu sous des auspices moins favorables. La France, épuisée et fatiguée, peut n'avoir plus, ni les mêmes ressources, ni le même courage, ni les mêmes circonstances; et alors, si elle est vaincue, si elle souscrit à un pacte honteux, si elle subit la loi de l'étranger, la gloire de Bonaparte s'évanouit avec celle de sa pâtrie; et on lui reprochera de n'avoir pas étendu ses regards dans l'avenir, de n'avoir pas prévu et prévenu les dangers et les malheurs dont il pouvoit préserver la France et l'Italie (1).

(*Sort de l'Italie à fixer. Indépendance, unité fédérative italique : but d'une politique sage, libérale et prévoyante.*)

Vous accueillerez ma franchise, Citoyen Consul, en faveur des motifs qui l'inspirent. J'ai tâché d'indiquer les bases qu'il paroit possible de donner à la paix : *L'Italie, cette pomme*

---

(1) Cette prédiction courageuse, devenue effrayante de vérité par les évènemens qui se sont succédés depuis, repoussée alors avec mépris par l'*homme du destin*, qui en proscrivit l'auteur, devroit servir de leçon aux souverains, et les disposer à mieux accueillir les hommes assez devoués pour leur présenter la vérité. Souvent celui qui calcule, dans une retraite obscure, les suites probables des actes politiques des princes, et de la direction donnée à l'opinion des peuples, juge avec plus de discernement et de sagacité, que les hommes d'état lancés dans le tourbillon des affaires, qui manquent de la liberté d'esprit nécessaire pour les bien apprécier.

continuelle de discorde, déclarée désormais indépendante de l'Autriche et de la France, et divisée en quatre ou cinq états, régis par des gouvernemens de différente nature, et unis par un pacte fédératif placé sous la garantie des autres puissances..... Si l'Autriche refuse, guerre prolongée jusqu'à ce qu'elle adhère à ces mêmes conditions, pour qu'il y ait enfin une paix bien assise et une barrière élevée entre les puissances belligérantes.

Ces premières idées seroient susceptibles de quelques développemens, que je vous soumettrai, si vous le jugez convenable.

Il s'agira d'abord d'établir des raisons positives de politique, de justice et de nécessité pour la France, d'après lesquelles le roi de Piémont, privé de cet état, devroit être réduit à l'île de Sardaigne.

On pourroit ensuite discuter la juste et naturelle fixation des limites de la France, pour lui assurer la chaîne complète des Alpes et un contact continué sur toute la frontière de l'Italie avec la république, qui seroit formée de la Ligurie, du Piémont et de l'ancienne Lombardie.

La troisième question seroit relative aux deux états intermédiaires dont j'ai parlé; et peut-être des motifs de politique pourroient-ils faire transférer le siège de l'église à Lucques, où le Pape, réduit à la puissance spirituelle, conserveroit seulement un territoire peu étendu qui doit lui suffire, et un revenu d'environ cinq millions.

Le quatrième point à traiter, seroit l'établissement de la république napolitaine, qui sans doute ne doit pas exiger que la France envoie de nouveau une de ses armées dans cette partie inférieure de l'Italie, mais qui demande seulement la formation d'une ligne des Apennins, depuis Ancône jusqu'à l'extrémité de la Toscane et à la Méditerranée. Cette ligne militaire seroit assez forte avec quinze ou vingt mille hommes, et, en fermant le passage aux troupes autrichiennes, offriroit une garantie suffisante au peuple napolitain, qui veut s'assurer un gouvernement libre et national.

Ce n'est point par un désir cruel et insensé de révolutions, qu'on parle ici de celle de Naples; mais, c'est parce qu'elle est dans la nature des choses, au sein d'un royaume livré depuis un an à tous les genres de calamités, et où toutes les victimes et tous les mécontens sont dans les classes de l'état et dans les familles les plus influentes par leur noblesse, leur crédit, leurs richesses et leur instruction. Si cette révolution doit être, avant peu, l'inévitable résultat des fautes de la reine de Naples et des férocités commises en son nom, et si elle importe essentiellement à la France, qui ne peut désormais voir dans ce gouvernement qu'un allié parjure, un ennemi perfide, ne vaut-il pas mieux que le gouvernement françois s'en approprie les avantages, en la favorisant, et en la dirigeant par une influence invisible, adroitement dissimulée, que s'il l'abandonnoit au hasard des évènemens?

Le cinquième objet de discussion, seroit la manière de rétablir la république vénitienne, qui ne devroit peut-être pas non plus être créée ouvertement par les armes et les lois des François, mais par le mouvement libre et unanime des Vénitiens. Il leur suffiroit, pour cela, d'être assurés que le gouvernement de France stipulera en leur faveur dans le nouveau traité; et cet assentiment tacite, donné aux habitans de Venise et de la Terre-Ferme, devient le signal des évènemens politiques qui ôtent ce pays et la Dalmatie à l'Autriche, sans même avoir recours aux chances de la guerre.

Toutes ces questions, étant délicates et importantes, auroient besoin d'une discussion approfondie et contradictoire, pour être envisagées sous tous leurs points de vue. Il suffit de les indiquer à l'homme qui connoît à fond l'état politique et militaire de l'Europe.

Le sixième nœud des intérêts diplomatiques à concilier par ces divers arrangemens, consiste dans les avantages à procurer à l'Espagne, à la Prusse, et même à la Russie, par le commerce avec Naples, pour les identifier au maintien de la paix; et enfin, dans la fixation définitive des confins respectifs des trois républiques italiennes et des deux états intermédiaires, et des républiques helvétique et françoise. Alors, la paix de l'Europe sera établie sur des bases durables; celui qui aura conçu et exécuté de vastes plans, jouira pleinement de sa gloire, et y ajoutera encore par ses travaux pour la prospérité intérieure de la patrie.

Les diverses questions politiques indiquées ci-dessus pourroient être soumises à l'examen d'un congrès, qui cimenteroit la paix générale, et qui, au lieu d'être prolongé indéfiniment, comme celui de Rastadt, seroit conduit rapidement au terme de ses opérations par celui qui devroit les inspirer.

Pour terminer cette lettre par des considérations générales sur la manière d'administrer les parties de l'Italie occupées par nos troupes, je crois, Citoyen Consul, que vous sentirez la nécessité, pour votre intérêt et votre gloire, d'y prévenir ou d'y faire cesser le régime abusif des contributions et des réquisitions arbitraires de l'autorité militaire, paralysant et écrasant le gouvernement et les autorités du pays, qui n'existent alors que de nom et n'offrent que des simulacres dérisoires; enfin, des dix et vingt tables à trente couverts exigées chaque jour dans certaines villes, et des vols organisés, qui se montrent avec audace et impunité.

Vous enchaînerez le brigandage. Vous ne souffrirez pas que la vénalité infecte toutes les parties de l'administration, et que la liberté soit mise en régie intéressée.

Vous inspirerez cet esprit de modération, de bon ordre, de sagesse, qui fera aimer votre influence, en rendant aimable et cher à tous les citoyens le régime établi sous vos auspices.

La religion sera respectée; mais, le fanatisme perturbateur et séditieux réprimé, et l'influence du clergé sera insensiblement tournée au profit du gouvernement. Les finances seront administrées avec économie et probité. Un système politique, doux et conciliateur, fermera les plaies profondes de la révolution et de la guerre, réunira les esprits, et fera succéder l'union et l'amour du nouvel ordre de choses, aux passions haineuses et aux dissensions civiles.

Vous favoriserez ce décret touchant, qui rappellera dans la Cisalpine la résolution des Thébains en faveur des autres Grecs, que tous les Italiens exilés pour cause d'opinions, et privés de leur patrie, trouveront dans la contrée que vous avez affranchie, un toit hospitalier et des moyens d'existence, du pain et un asile, ou du travail pour s'en procurer.

Les révolutions sont électriques et contagieuses, quand elles rendent les peuples heureux; car, le premier besoin de tous les hommes est le bonheur (1). Si vous semez le bonheur

---

(1) Cette vérité politique est puisée dans une connoissance approfondie du cœur humain. Le *bonheur* est le *but* commun de la morale, de la politique, de l'ordre social, de la civilisation, de la guerre, de la paix, des luttes les plus sanglantes, des sciences et des arts. Pourquoi faut-il que des *malentendus* funestes empêchent presque toujours d'atteindre ce but?........ Comme la terre seroit belle, comme le bonheur seroit facile, si les hommes vouloient et savoient!......... Leur folie, leur ignorance les empêchent d'être heureux, et gâtent pour eux tout ce que la nature avoit disposé de bon, de beau et d'utile.

O stultas hominum mentes! ô pectora cæca!.........

dans les pays où vous aurez porté vos pas, les autres pays recourront à vous, comme à leur libérateur et à leur père. Vous aurez fixé les destins de l'Europe et de votre siècle ; vous aurez fermé le volcan révolutionnaire, en donnant aux changemens politiques opérés par vous un caractère de grandeur, de générosité, de philosophie, et des résultats de félicité publique, qui feront admirer en vous le politique autant que le guerrier, et vous assureront l'estime universelle.

Mon langage, Citoyen Consul, n'est ni celui d'un flatteur, ni celui d'un homme avide de désordres, mais d'un ami de l'humanité, de son pays et de votre gloire. J'ai cru que, dans le haut rang et dans le tourbillon d'affaires où vous êtes placé, quelques réflexions, mûries dans le silence, et présentées avec modestie, pourroient obtenir un de vos regards, et fixer quelques instans vos méditations.

II.

MÉMOIRE

SOUMIS AU GÉNÉRAL BONAPARTE,

PREMIER CONSUL DE LA RÉPUBLIQUE FRANÇOISE,

Sur la situation politique de la France, au mois de floréal de l'an 12 (mai 1804), et sur quelques-unes des bases de la nouvelle forme de gouvernement qu'il paroîtroit convenable d'adopter (1).

En politique, les limites sont des garanties pour l'autorité du prince, comme pour la liberté du peuple.

Général premier Consul,

I. *Caractère de l'époque actuelle.*

Une nouvelle époque va commencer pour vous et pour la France; les esprits vulgaires n'y verront qu'un changement de titre et une dénomination nouvelle du gouvernement; les observateurs politiques y verront la base des institutions que vous avez promises aux François.

Vous allez poser la première pierre du grand

---

(1) Nous placerons, au bas des pages quelques notes qu'un des premiers personnages de l'état ajouta, dans le temps, au crayon, en marge de ce mémoire manuscrit. Pour les distinguer de celles de l'auteur, elles sont imprimées en italique.

édifice que vous devez élever; vous lui donnerez ce caractère de stabilité qui éternise les productions du génie.

II. *Motifs de s'exprimer avec franchise.*

Il n'appartient de vous parler avec une entière franchise et un généreux courage, qu'à ceux qui s'appuient sur le sentiment intérieur d'un dévouement absolu à votre personne et à votre gloire. Vous êtes assez grand, assez supérieur aux autres hommes, pour entendre et accueillir l'auguste vérité.

III. *D'une puissance réglée par les lois, plus durable qu'une autorité illimitée.*

Aujourd'hui, vous pouvez tout; la reconnoissance nationale vous donnera tout. Mais, si vous ne mettez pas vous-même des bornes à l'autorité nouvelle dont vous allez être investi, elle sera moins réelle et moins durable. Il y aura plus de moyens pour les ennemis de la patrie de tout bouleverser, si un évènement funeste et imprévu vous enlevoit aux François.

« L'autorité limitée, a dit un grand politique, est toujours la plus stable ». — Le despotisme, ou l'autorité indéfinie et absolue, a toujours produit des révolutions, et la réunion des trois pouvoirs, législatif, exécutif et judiciaire, a toujours produit le despotisme. On affermit souvent le pouvoir, en paroissant le restreindre.

IV. *Devoir des vrais amis de la personne et de la gloire de Bonaparte.*

Vous présenter l'opinion particulière des différens corps de l'armée, des différentes classes de citoyens, c'est le devoir des vrais amis de votre puissance et de votre gloire. Il faut chercher et étudier cette opinion dans les replis des cœurs et dans les conversations familières, plus encore que dans les adresses publiques et officielles, où il y a toujours de la retenue et de la réserve, ou de l'exagération, et souvent de la fausseté.

V. *De l'opinion publique.*

L'opinion, quoique souvent invisible et inaperçue, exerce une grande influence.

En 1791, elle se déclara contre la cour, et la cour fut renversée.

En 1794, elle put se prononcer contre les assassins, et le règne du sang et de la terreur fit place à un gouvernement plus doux (1).

---

(1) *Victoire d'un parti, en 1794; l'opinion le soutint.*

En l'an 8, elle invoqua la dictature d'un homme de génie pour sortir d'une anarchie léthargique, et l'assentiment général confirma votre autorité suprême.

Aujourd'hui, cette même opinion, inquiétée par de fréquens complots, et incertaine de l'avenir, demande qu'à une dictature vague, indéterminée, absolue, personnelle, on substitue des institutions stables et indépendantes, même de votre existence (1).

VI. *Résumé des vœux actuels des François.*

Pour ne point multiplier des citations d'ailleurs inutiles, je me bornerai à ce passage de l'adresse du conseil-général du Jura, qui peint fidèlement l'opinion et le vœu de la France : « Qu'un ordre de choses plus stable offre aux amis de la tranquillité une plus forte garantie contre tous les évènemens. Que cet ordre anéantisse à jamais la vacance de la suprême magistrature, en désignant pour toujours et par avance le successeur du chef de l'état; mais, qu'en même temps des institutions, fortes autant que libérales, assurent à nos neveux une

---

(1) *Vœu non admissible par l'homme auquel il est présenté.*

protection efficace contre les oscillations et les abus du pouvoir. »

VII. *Mélange et association des trois formes de gouvernement, pour assurer le bonheur public.*

On voudroit en vain le dissimuler, Général premier Consul, l'esprit public de 1791 n'est pas entièrement détruit. La masse de la nation éclairée veut une forme de gouvernement semblable à celle qu'on demandoit alors, avec les modifications que les circonstances ont rendues nécessaires, c'est-à-dire (suivant les expressions de l'adresse de la première division de dragons), *une heureuse alliance des avantages de la monarchie, de l'aristocratie et de la démocratie; l'unité et l'hérédité de la première; la sagesse et la maturité de la seconde; le droit de parvenir à tous les emplois, d'après ses talens et ses vertus; l'égalité sociale enfin, et la vraie liberté qui doivent caractériser la troisième.*

Car, ce n'est pas la liberté seulement que les hommes et les sociétés se proposent dans l'institution des gouvernemens. Le but de toute association politique, comme de toute entreprise individuelle, c'est le bonheur. La sûreté, qui comprend les personnes et les propriétés; la liberté, l'égalité, la justice, voilà les élémens du bonheur pour tous les hommes et pour tous les empires.

VIII. *Résumé des vœux actuels de l'armée.*

L'armée tient aux sentimens généreux qui l'ont animée dans le cours de la guerre, et qui ont eu part à ses victoires. Elle chérit son chef et le proclame, avec joie, son empereur; mais, elle chérit sa patrie, et demande avec force la conservation, la garantie de la liberté, de l'égalité, le droit commun de tous de parvenir aux emplois, suivant leurs services, leurs talens, leurs vertus, ou leur âge et leurs propriétés, seules distinctions admissibles dans notre organisation sociale, d'après l'état actuel des lumières, et pour l'intérêt même du gouvernement; enfin, le droit des officiers de ne point dépendre de l'arbitraire et de ne pouvoir être destitués que par jugement, ou d'après un rapport, rendu public et motivé, du ministre de la guerre au chef de l'état.

IX. *Des noms de* France *et de* République *qu'on a parlé de supprimer.*

La nation et l'armée tiennent à ces beaux

noms de *France* et de *République*, consacrés par vos glorieuses victoires et par cinq années de votre administration. Les mots ont une grande influence sur les opinions des hommes: l'Empire françois ne doit point renoncer au nom que l'Europe s'est habituée à respecter; la Nation ne le perdroit qu'avec peine.

Le nom de *République* (1), synonyme des mots, *chose publique* ou *intérêt public*, a toujours été appliqué, dans les temps anciens, à différentes formes de gouvernement, et même à la royauté. Ce mot seul, principe d'esprit public et d'orgueil national, semble rappeler au peuple qu'il n'est pas étranger aux intérêts généraux de l'état. Le gouvernement y trouve un ressort puissant, un moyen d'exciter le patriotisme qui produit les grandes actions.

X. *Mot du premier Consul sur l'empire de la persuasion et de la modération, préférable à celui de la violence et de la force.*

Général premier Consul, vous pouvez tout faire, tout obtenir, je le répète; mais, ce que

---

(1) *RÉPUBLIQUE, mot usé, comme la chose, chez les François. — Y a-t-il en France de l'esprit public?....*

vous ferez, ce que vous obtiendrez par l'opinion publique, sera durable; ce qui seroit fait et accordé sans son vœu, ou contre son vœu, ne seroit qu'éphémère.

Vous l'avez dit vous-même : «*La force est toujours force; l'enthousiasme n'est qu'enthousiasme; mais la persuasion reste et se grave dans les cœurs.* »

XI. *Que l'acte qui doit proclamer Bonaparte* EMPEREUR, *doit en même temps consacrer les principaux droits de la nation et les bases de l'organisation nouvelle du gouvernement.*

Le jour où vous serez proclamé *Empereur*, doit être celui où vous vous démettrez volontairement et généreusement de la dictature, pour prendre les rênes d'un gouvernement libre, dont toutes les parties, bien coordonnées entre elles, se balancent et se prêtent un mutuel appui.

L'acte de votre nouvelle installation sera d'autant plus agréable à la France et honorable pour vous, qu'il comprendra en même temps les bases d'une CHARTE CONSTITUTION-

NELLE (1), garantie des destinées publiques.

Cette charte devra consacrer à la fois vos droits à la puissance et les droits et les libertés du peuple; l'hérédité dans votre famille; l'organisation indépendante des autorités nationales et les attributions de chacune d'elles; l'inviolabilité personnelle du chef de l'état et la responsabilité réelle et sévère de ses ministres et des agens du gouvernement; l'éclat et la dignité qui appartiennent au rang suprême dans un grand empire; la participation du pouvoir exécutif à la formation de la loi, directe et nécessaire, mais non pas absolue et exclusive; la force, l'énergie et la rapidité de l'action exécutrice, et en même temps le droit conservé à la nation de *voter les impôts et les levées de soldats* (2) par ses représentans; la liberté civile protégée et garantie; les propriétés particulières mises à l'abri de toute atteinte; la liberté de la presse (3) modifiée par les lois,

(1) *Le mot seul de charte constitutionnelle effraie un souverain, qui n'est pas assez fort de la pureté de ses intentions pour vouloir être le père du peuple.*

(2) *Bride à la puissance qui voudroit se rendre indépendante de la nation et absolue.*

(3) *Point difficile à obtenir.*

mais capable de laisser un certain ressort à l'opinion.

XII. *Du caractère essentiel de toute convention.*

Vous donnerez ces bienfaits à la France, Général premier Consul; en les donnant, vous travaillerez pour vous-même, pour votre sécurité, pour la stabilité de votre puissance, pour votre gloire.

Toute convention, pour être solide et durable, doit être basée sur des intérêts réciproques. Vous concilierez, vous associerez ceux de la Nation et les vôtres; vous acquerrez des titres indestructibles et sacrés à la vénération des François.

XIII. *Des états-généraux institués par Charlemagne* (1).

L'immortel Charlemagne, dont le nom est souvent rapproché du vôtre, institua les états-généraux. Il fit adopter ce principe : « *qu'on ne pourroit imposer ni lever tailles en France sur le peuple, si urgente nécessité ou évidente*

---

(1) *Motif de Charlemagne, non dans la générosité, mais pour arrêter les déprédations des seigneurs qui ruinoient le peuple.*

utilité ne le requéroit, et que par l'octroi des gens des états ».

La France vit briller alors une aurore de la liberté. Dans un siècle plus éclairé, sous les auspices d'un empereur plus grand, plus généreux, la liberté publique doit être assise sur des institutions plus complètes, plus libérales.

XIV. *Aperçu de neuf institutions nationales, déjà existantes et créées ou affermies par Bonaparte.*

Déjà, l'organisation et les attributions du *sénat ;*

La *légion d'honneur*, dont les membres sont pris dans toutes les parties de la France et dans toutes les classes de la société, dans lesquelles leurs services et leurs talens les ont fait distinguer (1);

Les *camps de vétérans* formés sur nos frontières, à la fois rempart de l'état, asile et récompense de ses défenseurs ;

La *conscription*, qui appelle successivement tous les François sous les drapeaux, *seulement*

---

(1) *La Légion d'honneur entraîne avec elle des abus graves et de véritables dangers.*

pendant cinq années (1) que la patrie réclame pour elle ;

Le *concordat*, qui a rendu la paix aux consciences et garanti la liberté des cultes ;

Les *collèges électoraux*, créés à vie, et composés des citoyens les plus intéressés à la conservation de l'ordre et de la société (2) ;

L'exposé annuel de la situation de la France (3), qui est un hommage rendu par le gouvernement à la nation et un moyen d'entretenir l'esprit public et d'incorporer, pour ainsi dire, les volontés et les opinions particulières aux intérêts de l'état ;

Les *lycées* et les *écoles spéciales*, pépinières fécondes d'hommes instruits et de citoyens utiles dans tous les genres ;

L'*institut national*, foyer de lumières, placé auprès du gouvernement, sous son auguste protection et au centre de l'Empire, pour veiller au dépôt précieux des sciences et des arts :

Voilà, depuis cinq années, *neuf institutions*

---

(1) *Temps le plus précieux de la vie.*

(2) *Aristocratie des riches, qui peut servir de barrière à la puissance souveraine d'un seul homme.*

(3) *Exposé utile, mais dont l'habitude passera.*

fondées, consolidées ou perfectionnées par vous, dont la France s'honore, et qui doivent être rattachées au nouvel ordre de choses qui va fixer nos destinées.

XV. *Indication de quelques dispositions fondamentales, qui pourroient être insérées dans la charte constitutionnelle.* —

La charte constitutionnelle, proposée par Bonaparte, et acceptée par le peuple françois, lien d'union entre la nation et son chef, sera le monument qui affermira la puissance et la gloire du héros qui doit donner son nom à son siècle, et qui appartient désormais à la postérité.

Un chef unique et héréditaire, assisté d'un conseil d'état choisi par lui seul, entouré d'éclat et de représentation, ayant l'initiative de la formation de la loi, le droit de faire la guerre, la nomination à tous les emplois civils et militaires, la direction des forces de terre et de mer, la perception et la disposition des revenus publics, dont tous les actes sont contre-signés par des ministres responsables;

Une *chambre haute*, dont les membres sont à vie, et qui doit délibérer définitivement sur les propositions faites par le gouvernement (1), et publiquement discutées par la chambre basse ;

Une *chambre basse* ou *seconde chambre*, composée de trois ou cinq députés par département, destinée à discuter, en séances publiques, les projets de lois que présente le chef de l'état, et autorisée à émettre des vœux qu'elle adresse au gouvernement sur des objets d'intérêt public et à lui proposer des modifications aux projets de lois qu'il a adressés, et dont il a fait développer les motifs par des conseillers d'état, en présence de la chambre :

Telles sont les trois autorités qui paroissent devoir participer à la confection de la loi, qui doivent être fortement organisées, respectivement garanties, et dont chacune doit toujours être disposée à se rallier à celle qui seroit menacée par l'autre.

Établir un juste équilibre, une parfaite et universelle harmonie, voilà le grand problème à résoudre.

Qu'aucune des trois autorités ne puisse empiéter sur l'autre ; que chacune soit renfermée dans le cercle qui lui est assigné. « Qu'il y ait,

(1) *Lui seul veut paroître.*

selon l'expression d'un publiciste, un rapport exact établi entre les prérogatives accordées à chacun des pouvoirs, et les moyens de défense et de garantie qui accompagnent ces prérogatives..... L'équilibre des pouvoirs n'est pas seulement nécessaire à la garantie de la liberté; il l'est de même au soutien de l'autorité dans sa marche régulière..... La force des autorités politiques est aussi souvent dans leur limite que dans leur extension (1). »

Que l'enregistrement des lois, et aussi des actes du pouvoir exécutif, par la chambre haute, condition nécessaire de leur publicité et de leur force d'autorité, soit suspendu de droit, si le pouvoir exécutif vient à attenter à la liberté et à l'inviolabilité de l'une des deux chambres; que chacune de celles-ci ait à redouter l'autre et le pouvoir exécutif, si elle sort de la ligne constitutionnelle; que tout ce qui appartient à notre longue expérience politique et à la prudence humaine, soit prévu et prévenu.

La puissance exécutive doit être dotée richement : c'est le vœu de la nation et le besoin d'un grand empire. Mais, une fois sa part éta-

(1) *On lui fait entrevoir des entraves à ses volontés.*

blie et déterminée, la part des deux chambres législatives doit être une propriété non moins inaliénable et sacrée (1).

XVI. *Des élections et des deux chambres.*

Le peuple doit être appelé à concourir, au moins en partie, aux élections de ses députés, par l'intervention des colléges électoraux d'arrondissemens et de départemens. L'âge, la propriété, le domicile et la résidence sur le territoire françois, l'instruction, les services rendus, les vertus, les talens, voilà les seuls titres pour être élu, dont la loi détermine et modifie les conditions, suivant la nature des fonctions et des emplois.

SÉNAT A VIE, OU CHAMBRE HAUTE. — Les candidats sont nommés par les colléges électoraux; et parmi eux, le chef de l'état en désigne trois au sénat pour chaque nomination. La condition pour pouvoir devenir *sénateur*, est d'avoir quarante ans et dix mille francs de revenu net en propriétés foncières. Les sénateurs sont au nombre de 120; leur traitement annuel est de 36,000 francs.

---

(1) *Il étoit trop puissant pour lui faire une pareille proposition.*

CHAMBRE BASSE, OU SECONDE CHAMBRE. — Elle sera composée de trois ou cinq députés par département, sauf les modifications nécessitées par les grandes différences dans la population. Ils devront être au moins âgés de vingt-cinq ans, et seront choisis directement par les collèges électoraux, pour que cette chambre ait le vrai caractère d'une représentation nationale; mais, si ce mode paroît présenter des inconvéniens, ils seront nommés par le chef de l'Empire entre deux candidats, que devra présenter chaque collège électoral pour chaque place de député. — Il faut, pour être éligible à la seconde chambre, avoir été membre d'une des législatures qui se sont succédées depuis 1789, ou avoir servi, soit dans les fonctions publiques, soit dans les armées, pendant cinq ans, terme voulu par la conscription (1).

Les députés de la chambre basse ont douze ou quinze mille francs de traitement, et sont nommés pour cinq ans. Ils sont rééligibles, après l'intervalle d'une session.

Les ministres ont le droit de siéger et de parler dans les deux chambres.

---

(1) *Proposition qui assure la liberté et écarte ses ennemis, mais qui ne peut plaire, d'après le système du contrepoids.*

Le chef de l'état peut dissoudre la seconde chambre (1), et en convoquer de suite une nouvelle, en prévenant de cette disposition la chambre haute, qui doit l'enregistrer et la confirmer, pour qu'elle soit exécutée.

La chambre haute est permanente. — La chambre basse a des sessions annuelles, qui ne peuvent être moindres de trois ou quatre mois; elle est convoquée et ajournée par un acte du gouvernement, enregistré à la chambre haute.

Aucun membre des deux chambres ne pourra être arrêté (2), si ce n'est pour un délit personnel, pour lequel il soit dans le cas d'être traduit devant les tribunaux ordinaires; et alors, la chambre à laquelle il appartient en sera officiellement prévenue sans aucun délai.

Les deux chambres auront le droit d'adresser des représentations solennelles au chef de l'état sur les objets soumis à leurs délibérations, et sur les actes des ministres qui paroîtroient répréhensibles et contraires aux lois.

---

(1) *Pourquoi?*

(2) *Clause qui a toujours été enfreinte, pendant la révolution.*

XVII. *Des droits et des garanties de la nation.*

La nation doit être admise, par l'intervention de ses députés ou représentans :

1°. A donner son consentement aux impôts, dont aucun ne pourra être établi que par une loi proposée par le gouvernement, discutée par la chambre basse, acceptée par le sénat, et devant être renouvelée, d'année en année, avec les mêmes formalités.

2°. A voter la conscription annuelle, qui ne pourra être appelée ni déterminée que par une loi. (La patrie doit être encore moins prodigue de ses concitoyens que de ses richesses).

3°. A vérifier et arrêter annuellement, au moyen d'un comité de comptabilité nationale, formé de quinze membres des deux chambres, l'état général des recettes, des dépenses et des finances de l'Empire.

La gestion des ministres, ainsi contrôlée tous les ans, sera présentée dans un rapport public à la nation, avec un acte solennel des deux chambres pour l'approuver ou la blâmer.

XVIII. *De la liberté civile.*

Un article constitutionnel, palladium de la

liberté civile et individuelle, devra déclarer qu'aucun citoyen ne pourra être arrêté que d'après les formes et dans les cas déterminés par la loi (1). On ne pourra garder personne en prison plus de deux fois vingt-quatre heures, sans le faire interroger par ses juges naturels, qui prononceront sa mise en jugement dans les dix jours, s'il y a lieu, ou sa mise en liberté, avec ou sans caution, suivant le degré de culpabilité présumée ou d'innocence reconnue.

Que cet article ne puisse jamais être suspendu, même dans les cas extraordinaires, que par un acte des deux chambres, provoqué par le gouvernement et motivé, et que jamais, sous aucun prétexte, cette suspension ne puisse être prorogée au-delà de six mois ou d'une année (2).

Que des peines sévères soient prononcées contre tout ministre, magistrat ou individu, signataire d'un mandat d'arrêt illégal ou arbitraire.

XIX. *De la liberté de la presse.*

Que la liberté d'écrire et d'imprimer ait une

---

(1) *Désir inutile.*

(2) *Garantie, la meilleure qu'on puisse avoir.*

grande latitude, pour entretenir l'esprit public (1), et qu'il soit permis de censurer ouvertement les actes des ministres et des magistrats, et de les traduire au tribunal de l'opinion. Le gouvernement en sera plus fidèlement servi par eux et moins souvent trompé. L'envie ou la plainte pourra s'exhaler, et la vérité se faire entendre. — Les mécontens et les hommes inquiets ont besoin de parler : il vaut mieux qu'ils attaquent hautement quelques ministres, que s'ils parlent en secret et avec malignité du chef de l'état.

Les ministres qui veulent s'envelopper du manteau de l'inviolabilité du chef suprême, et qui présentent comme dirigées contre lui toutes les agressions dont ils sont l'objet, compromettent, pour leur intérêt personnel, le respect et l'amour dûs à son rang et à sa personne.

Des peines seront décernées contre les calomniateurs, et le crime de calomnie sera précisé par une loi.

XX. *De l'administration de la justice.*

Que les tribunaux soient composés de juges

---

(1) *Oui, on doit trouver un esprit public; autrement, il est rare qu'elle le fasse naître.*

à vie, nommés par le chef de l'état, mais irrévocables, à moins de forfaiture, clairement déterminée par la loi. Que l'action judiciaire ne soit jamais placée dans une seule main, et qu'elle ne soit ni dépendante du pouvoir exécutif, ni arbitraire.

L'indépendance des juges dans l'exercice de leurs fonctions, suivant l'opinion du célèbre *Beccaria*, est aussi nécessaire que leur intégrité pour garantir la liberté, l'honneur et la vie des citoyens. Ces magistrats doivent être les organes des lois, et non leurs interprètes; sans quoi, ils seroient législateurs.

Que le tribunal de cassation, dépositaire et gardien des lois civiles et criminelles, chargé de la révision des jugemens et surveillant des tribunaux inférieurs, soit conservé auprès du gouvernement, et présente annuellement au chef de l'état un tableau de la marche de la justice, des obstacles qu'elle éprouve et des améliorations dont cette branche importante de l'administration publique est susceptible.

XXI. *De la loi martiale.*

Qu'une loi martiale, fixe et précise, soit établie pour les temps d'émeute et de sédition. Que sa mise à exécution, d'après une condition nécessaire et spéciale, soit préalablement ou immédiatement communiquée aux deux chambres par le gouvernement.

XXII. *Du Code civil et du Code criminel.*

Nous avons un *Code civil*, uniforme pour toute la France. Le génie de Bonaparte doit ajouter à ce bienfait un *Code criminel*, simple, précis, à la portée de toutes les classes de citoyens, adapté à nos mœurs et à l'état présent des lumières, qui ne soit pas seulement basé sur de vieux préjugés et des idées anciennes, mais qui présente l'heureux et sage résultat des méditations profondes des grands jurisconsultes et des philosophes célèbres, anciens et modernes, qui ont approfondi cette partie difficile de la législation (1).

XXIII. *D'un Code militaire.*

Qu'il y ait aussi un *Code militaire*, uniforme, complet, qui consacre le principe de la conscription, et en rende l'exécution à la fois obligatoire et sacrée pour tous les citoyens. —

---

(1) On peut citer spécialement *Beccaria*, *Blackstone*, *Montesquieu*, *Filangieri*, *Bentham*, etc.

Qu'aucun François ne puisse parvenir aux emplois publics, s'il n'a servi trois ou cinq ans dans les armées actives ou dans les réserves, organisées en milices nationales (1).

Par ce Code, la législation militaire doit être simplifiée et réduite à un petit nombre de dispositions réglémentaires, énoncées avec précision et clarté, pouvant être facilement connues et observées; l'administration militaire doit être purgée de ses nombreux abus, et recevoir pour principe de sa régénération, le sentiment de l'honneur et l'espoir d'un avancement glorieux dans une noble carrière (2).

L'organisation de l'armée doit être bien déterminée (3); l'état de soldat doit être rendu honorable. Les officiers, sûrs de conserver leurs places, à moins qu'ils ne méritent d'être traduits devant un tribunal où conseil de guerre, ou que leur conduite ne devienne l'objet d'un rapport spécial du ministre au gouvernement, se-

---

(1) On soumettra au gouvernement, s'il le désire, un mémoire sur la conscription et le mode définitif de son organisation, à l'appui de la présente note, ainsi qu'un projet de formation d'un code militaire.

(2) C'est l'opinion du célèbre général Lloyd.

(3) *Comment?*

ront plus fiers, plus satisfaits, plus heureux, plus empressés à se rendre dignes de leurs grades, plus sincèrement dévoués au chef de l'état et à la patrie.

Que les réserves soient formées en milices bourgeoises ou nationales, qui s'exerceront, tous les jours de fête, dans leurs communes ou leurs arrondissemens respectifs, et donneront une éducation et un esprit militaire à toute la nation (1).

Le gouvernement et l'état auront ainsi un rempart dans une armée composée de propriétaires, de citoyens, d'hommes intéressés au maintien de l'ordre social, au respect des personnes et des propriétés et à l'exécution des lois (2).

Toute la France sera disciplinée et prête à repousser un ennemi, quel qu'il soit.

XXIV. *Éducation.*

Que l'éducation, déjà organisée dans les ly-

---

(1) *Entraves à ce projet, chez un peuple policé.*

(2) Des autorités respectables, *Polybe*, le *maréchal de Saxe*, *Machiavel*, Art de la guerre, etc., montrent la nécessité d'une pareille composition de l'armée et du danger de légions formées d'hommes sans aveu et sans patrie.

cées et dans les écoles spéciales, reçoive une direction salutaire, propre à développer promptement et utilement les facultés physiques, morales et intellectuelles des jeunes gens; à exciter une émulation générale dans les esprits des professeurs et des élèves, par des concours annuels entre tous les lycées; à former enfin des hommes robustes, des soldats intrépides, des citoyens généreux et éclairés qui puissent apprécier les bienfaits et seconder les vues du gouvernement, sous lequel ils auront le bonheur de vivre.

Quand un gouvernement veut des hommes vils et abrutis, il ne tient qu'à lui d'en créer; mais, il aura bientôt énervé les instrumens de sa grandeur et de sa vraie puissance. S'il veut des hommes d'un caractère noble et élevé (1), il en fera naître avec la même facilité; et alors, il acquerra, dans peu d'années, une supériorité marquée sur les autres peuples et des ressources inépuisables.

Il dépend d'un gouvernement et de son influence d'abâtardir une nation ou de l'élever.

---

(1) *Un prince ambitieux et absolu n'est que trop souvent porté à craindre les hommes d'un caractère noble et élevé.*

Vos institutions, Général premier Consul, doivent créer une population intrépide et guerrière, une race de héros, des hommes, enfin, dignes de soutenir la réputation du grand peuple et de son illustre chef. Qu'on dise, en les voyant : Ils sont nés, ils ont été formés sous l'empire de Napoléon!

XXV. *Liberté des Cultes et Clergé.*

Vous conserverez, vous garantirez, en matière de religion, cette sage tolérance, cette liberté entière des cultes, établies par le *Concordat*, l'un des monumens de votre gloire. Le clergé sera sans doute éloigné des emplois publics de l'administration. Les intérêts spirituels doivent le rendre étranger aux fonctions publiques, et aux objets purement temporels et civils. Trop d'exemples, d'ailleurs, ont prouvé le danger d'introduire les prêtres dans les affaires de l'état (1).

Toutes les dignités ecclésiastiques resteront à la nomination et à la disposition du gouvernement, qui tient ainsi dans le respect de l'autorité civile et dans une juste dépendance, les

---

(1) Opinion développée par Lloyd.

ministres de la morale et de la religion, dont l'influence, si elle étoit illimitée, auroit des inconvéniens et des conséquences incalculables (1).

XXVI. *Nomination aux emplois.*

Tous les emplois civils et militaires, excepté les places aux deux chambres, pour lesquelles on a indiqué un mode particulier d'élection, et les charges de juges, données à vie, seront aussi à la nomination immédiate et à la disposition absolue du chef du gouvernement, et révocables à sa volonté, sauf les modes qu'il pourra faire déterminer par les lois, pour donner plus de stabilité à certaines places et se garantir lui-même du danger d'être quelquefois injuste, et de servir, sans le savoir, des passions personnelles.

Il conviendroit peut-être néanmoins d'établir que les maires, leurs adjoints ou les officiers municipaux et les juges de paix seront choisis directement par leurs concitoyens ou par les

---

(1) *Le clergé reprendra peu à peu, si l'opinion ne lutte contre la faveur que veut lui donner le chef de l'état, dans la vue de son intérêt personnel.*

colléges électoraux d'arrondissemens, ou enfin par l'Empereur, sur une désignation de trois candidats. C'est un moyen de ranimer et d'entretenir l'esprit public et un certain mouvement d'activité, d'émulation civique et de vie dans toutes les classes de la société, et d'offrir aux hommes, qui prétendent à ces sortes de fonctions, des motifs de rechercher et de mériter l'estime et les suffrages de leurs concitoyens.

Mais, surtout, que les places soient toujours assurées et accordées aux talens, aux vertus, aux services publics; jamais, à la faveur, à la bassesse ou à l'intrigue. C'est l'intérêt du chef de l'état, qui, par ce moyen, n'aura pour agens que des hommes de mérite. Il exécutera des choses d'autant plus grandes et extraordinaires, qu'il aura sous ses ordres des auxiliaires faits pour le seconder. Mais, qu'il ne dédaigne pas de se mettre en garde contre les mauvais choix, écueil ordinaire des gouvernemens les plus habiles. Qu'il se lie volontairement les mains, en s'assujettissant à ne nommer à aucun emploi militaire, civil, administratif, de judicature, de finance, que d'après une présentation de trois candidats, désignés sur les lieux par des hommes dignes de la confiance du gouvernement, et en état de prononcer, suivant la nature des talens que l'emploi à donner exige.

On ne fait que rappeler ici au gouvernement ce qu'il a sagement pratiqué lui-même, en ne nommant les proviseurs et professeurs de lycées que sur la présentation des inspecteurs généraux de l'instruction publique, et les juges que sur une liste de candidats adressée au grand-juge ministre de la justice, par les tribunaux des départemens.

XXVII. *Dispositions générales.*

Proscrire à jamais la vénalité (1) et l'hérédité des places; éviter et faire disparoître les abus de l'ancien régime et les excès ou les erreurs du nouveau, les dangers du despotisme, les inconvéniens excessifs de l'aristocratie patricienne et héréditaire, les troubles de l'anarchie orageuse et désorganisatrice; achever de réparer les malheurs et de cicatriser les plaies de la révolution; faire chérir l'administration

---

(1) *Les dépenses et les besoins du gouvernement rappelleront à la vénalité; c'est d'ailleurs une suite de l'aristocratie des riches.*

nouvelle pour lui donner des racines profondes dans les cœurs de tous les François ; combiner sagement les idées de pouvoir, d'ordre, de liberté, d'égalité, véritables élémens de l'organisation sociale; et, selon les observations d'un observateur judicieux et d'un grand écrivain politique (1), *affermir de telle sorte le gouvernement par de sages institutions, que l'état puisse désormais se passer d'hommes extraordinaires pour le gouverner, et ne craigne, jusque dans un avenir éloigné, ni la médiocrité, ni même les vices de ses conducteurs:* voilà ce qui est attendu de vous par la France, par l'Europe, par la postérité.

XXVIII. *Résultat d'utilité pour le chef de l'état.*

Alors, Général premier Consul, la fortune de l'Empire est durable, et la gloire de son législateur immortelle.

Alors, votre autorité sera solide et inébranlable, étant fondée sur votre modération, sur l'estime, la confiance et la reconnoissance publiques, sur l'opinion, reine du monde et

---

(1) Condillac.

même des rois ; enfin, sur l'intérêt général et bien senti de la France.

Alors, quel ennemi étranger ou intérieur voudroit ou pourroit attenter à vos jours? Vos institutions rendroient le gouvernement indépendant, même de vous ; et vous pourriez, quand votre heure fatale seroit venue, quitter la vie avec cette douce assurance que la guerre civile ne célèbreroit point de cruels jeux funèbres sur votre tombe (1).

Votre famille hériteroit, sans trouble et sans opposition, de votre autorité, après qu'une vie longue et tranquille auroit affermi et consolidé votre ouvrage.

XXIX. *Motifs qui ont dicté le présent écrit, et qui doivent le faire accueillir avec indulgence.*

Un militaire obscur, qui a quelquefois approché de votre personne, et obtenu des marques de votre estime, encouragé et secondé par l'un des généraux qui vous sont le plus dévoués,

(1) *Il ne veut ni la prospérité de la France, ni des institutions libérales et solidement affermies, indépendantes même de sa personne.*

s'est hasardé d'élever ses pensées jusqu'aux grands intérêts politiques placés dans vos mains. Il vous offre le tribut de ce qu'il croit la vérité, et de ce qui lui paroît convenir à la fois à vous et à la France, à votre sûreté et à la prospérité de l'Empire. Il y ajoute l'hommage de l'admiration, et du dévouement et du vœu le plus sincère que vous fassiez le bonheur des François.

OBSERVATION GÉNÉRALE

Sur les MÉMOIRES qui précèdent, et sur les FRAGMENS qui vont suivre.

On doit se reporter, en lisant les deux mémoires qui précèdent, aux circonstances dans lesquelles ils ont été écrits, et se rappeler le caractère et la puissance de l'homme auquel ils étoient destinés. Alors, on reconnoîtra qu'il a fallu un grand et généreux courage pour plaider les intérêts de la France et d'une sage liberté, en s'adressant à celui même qui opprimoit la France, et qui sapoit la liberté publique par ses fondemens. Quelques phrases, qui servent de passeports et de sauf-conduits aux vérités que renferment ces mémoires, ou qui appartiennent aux circonstances politiques dans lesquelles se trouvoit la France, n'atténuent en rien les preuves de courage et de patriotisme données par l'auteur.

Aux yeux d'un bon citoyen, ami de l'ordre et des lois, le gouvernement, qui existe *de fait*, et qu'il ne dépend point de lui de changer, est un *instrument* dont il faut tirer le meilleur parti possible pour le bien de la pa-

5

trie, et auquel (s'il a des relations avec ce gouvernement), il doit s'efforcer, par de sages conseils et par des représentations exprimées avec décence et fermeté, de faire prendre la direction la plus convenable aux intérêts publics.

Donc, les hommes de bien qui ont osé présenter à Buonaparte, consul ou empereur, des vérités préservatrices, dont l'effet, si elles eussent été accueillies, auroit empêché une grande partie des malheurs que la France et l'Europe ont éprouvés, seroient aujourd'hui les conseillers les plus sincères et les plus utiles du Roi, parce qu'ils ont donné une garantie de leur franchise et de leur dévouement à la patrie. Ils ont sacrifié leurs intérêts personnels pour l'intérêt de l'état. Aussi, l'auteur des mémoires qui précèdent a vécu dans un état de proscription continuée, pendant tout le règne de Napoléon. Au contraire, les vils flatteurs, les lâches satellites de la tyrannie, qui ont encouragé Buonaparte à poursuivre son système de dévastation, et qui ont obtenu de lui des titres, des décorations, des emplois, des richesses, ont prouvé qu'ils sont toujours prêts à caresser et à égarer le pouvoir, sous tous les régimes, et qu'on doit leur appliquer ces vers d'un de nos poëtes :

.... Présent le plus funeste
Que puisse faire aux rois la colère céleste.

Les rois doivent enfin se convaincre que le plus sûr moyen d'affermir leur autorité, est d'employer des hommes de bien et des hommes éclairés, capables de dire la vérité sans déguisement, et de reproduire le noble langage de Sully, plutôt que des intrigans, des courtisans et des flatteurs, toujours prêts à changer de langage et de livrée, et à caresser les passions de l'homme ou du parti qui règne.

Les FRAGMENS qui vont suivre, et qui respirent le même amour de la patrie que les mémoires précédens, prouvent assez que l'auteur étoit loin de se faire illusion sur le caractère, sur les vues et les plans de Buonaparte, et sur les funestes résultats de sa domination. Mais, il étoit en même temps persuadé qu'un bon François ne devoit rien négliger jusqu'au dernier moment, pour ramener cet homme, par le sentiment de son véritable intérêt, dans un système de modération et de sagesse, puisqu'enfin la force des évènemens livroit à sa discrétion les destinées de la patrie.

Donc, l'auteur des MÉMOIRES et des FRAGMENS étoit conséquent avec lui-même et fidèle à ses devoirs de *citoyen* et même de *sujet*, en présentant au chef du gouvernement les vérités propres à conserver l'état, et en déposant dans des mémoires secrets ses pressentimens sur les malheurs que l'ambition et les folies du dominateur suprême devoient nécessairement amener.

Ce n'est qu'à l'époque où ces folies et leurs déplorables suites ont été portées aux derniers excès, qu'il a été permis et nécessaire de séparer la *cause particulière* du chef du gouvernement, qui perdoit évidemment la France, de la *cause publique* et des intérêts de la patrie; et c'est alors qu'une indignation intérieure et concentrée, la vérité long-temps étouffée, le besoin urgent d'arrêter les nouveaux et imminens désastres qui alloient combler la ruine de la France, ont rendu légitime et patriotique le mémoire portant pour suscription : *Le Conservateur de l'Europe*, etc., dans lequel l'auteur s'adresse aux souverains étrangers pour faire tourner au profit du salut de son pays la dernière et inévitable catastrophe qui se préparoit.

...... 11 septembre 1815.

A. DE CLENDI.

QUELQUES FRAGMENS

EXTRAITS DU PORTE-FEUILLE

D'UN

PROSCRIT,

Tirés de Mémoires particuliers, écrits en 1803, 1804, 1805 et 1813.

AVERTISSEMENT

DE

L'ÉDITEUR.

On croit devoir placer, à la suite des deux mémoires qui précèdent, un *fragment historique*, écrit *en juillet* 1803, contenant un JUGEMENT ANTICIPÉ SUR BUONAPARTE, et une *esquisse rapide des bienfaits qu'il pouvoit procurer à la France et à l'Europe*, s'il avoit su gouverner avec sagesse, apprécier sa position et ses véritables intérêts, consulter l'opinion de ses contemporains, attacher quelque prix aux suffrages de la postérité. Mais, il n'a su vivre que dans le présent, et ne s'est point élevé à des pensées d'avenir. Il a toujours recherché la puissance, et jamais la gloire; son avantage personnel, et jamais le bien public. Il n'a point consulté la vérité ni la vertu, mais ses passions et ses flatteurs. Il n'a eu constamment en vue que les intérêts grossiers de son ambition et de son orgueil; jamais les nobles intérêts de la patrie et de l'humanité. Il s'est trahi lui-même en trahissant son siècle.

Une règle et des principes de conduite absolument opposés, en assurant le repos et le bonheur des peuples, auroient affermi sa puissance, et lui auroient procuré une gloire durable. Son exemple et sa chute doivent apprendre aux princes souverains que *la probité est la meilleure politique*.

La véritable science des rois n'est point d'opprimer leurs sujets, de ravager les autres pays par la guerre, d'agrandir leurs états par des conquêtes; mais, de faire aimer leur autorité, de rendre leurs peuples heureux, de se faire estimer des autres gouvernemens et des autres peuples par leur modération, par leur fidélité à faire observer les traités et à maintenir la paix.

Un *second fragment*, écrit *en janvier* 1804, présente un *aperçu des institutions publiques des François, corrompues par la nature de leur gouvernement*, et par l'égoïsme du maître absolu, qui, rapportant tout à lui seul, croyoit devoir avilir et dégrader les hommes, pour en faire les instrumens passifs de ses volontés. Celui qui ne veut s'appuyer que sur la corruption, et qui prend tous les vices pour auxiliaires, énerve lui-même les élémens de sa puissance.

Dans un *troisième fragment*, sur la *situation morale et politique de la France et de l'Europe*, *au mois de mai* 1805, on voit croître la corruption des mœurs publiques avec la domination de Buonaparte. On voit commencer et s'étendre la démoralisation des armées françoises et l'*action* violente de l'oppresseur du monde, qui présageoit dès lors une *réaction* terrible, inévitable et prochaine des états long-temps opprimés, contre les auteurs, même involontaires, de leurs maux.

Enfin, une *quatrième* et dernière *Note historique* écrite au mois *d'octobre* 1813, reproduit la *situation* déplorable *de la France, de ses armées et des différentes parties du continent*, livrées, à cette époque, à tous les fléaux qu'une guerre d'extermination entraîne après elle.

Puissent ces tableaux fidèles de nos calamités récentes, dont une servile condescendance aux caprices de notre tyran a été la première cause, nous pénétrer d'une salutaire indignation contre les ambitieux, les despotes et les conquérans, et prévenir le retour des fautes qui ont été communes à tous les gouvernemens et à tous les peuples, également frappés de vertige, et que nous avons tous si cruellement expiées !.....

15 septembre 1815.

A. DE CLENDI.

I.

FRAGMENT

HISTORIQUE ET PROPHÉTIQUE SUR BUONAPARTE,

Tiré de Mémoires particuliers, écrits en 1803 (1).

.... « O France, tu devois être l'exemple du monde ! Angleterre, tu ne devois rivaliser

(1) Lorsqu'en 1803 la France entière avoit subi la loi de Napoléon ; quand elle lui abandonnoit ses destinées ; quand toutes les voix sembloient former, en faveur du héros, un concert unanime de louanges ; quand l'Europe elle-même, séduite par de trompeuses promesses, croyoit voir s'ouvrir pour elle un avenir de paix et de bonheur, quelques observateurs politiques, doués d'une prévoyance malheureusement inutile, dont leurs contemporains n'étoient pas en état de profiter, calculoient, dans le silence, les inévitables calamités qui menaçoient la France et l'Europe, livrées aux mains d'un pareil guide.

L'un de ces hommes, que le caractère d'ambition insatiable de Napoléon avoit trop éclairé sur les suites funestes que cette ambition devoit entraîner, si elle n'étoit pas arrêtée dans sa marche, avoit irrité l'orgueil et mérité la disgrâce du maître absolu, en lui présen-

avec la France que de sagesse et de prospérité!
ITALIE, tu allois cesser d'être une arène tou-

---

tant, avec une noble franchise, des vérités reconnues aujourd'hui prophétiques, pour prévenir les abus de la victoire, la dévastation de l'Europe et la ruine de la France. Il étoit méconnu, dédaigné, repoussé de ceux même dont il travailloit à conserver la fortune, la puissance, l'honneur, en voulant sauver la patrie, et qui ne voyoient en lui qu'un politique morose, un frondeur dangereux, un sujet factieux et rebelle. Il écrivit, dans son exil, *au mois de juillet* 1803, le FRAGMENT que nous publions, et que nous avons tiré, sans y faire aucun changement, de mémoires particuliers, dans lesquels il aimoit à déposer ses pensées les plus secrètes et ses pressentimens.

L'auteur de ce fragment trace une esquisse rapide de ce que Napoléon auroit pu et dû faire, au profit de la civilisation européenne, pour affermir la paix générale par un équilibre fortement garanti, et pour développer tous les élemens de la prospérité, par des institutions vraiment libérales, par un gouvernement sage et modéré. On reprochera moins, en effet, à Napoléon les immenses malheurs dont son ambition a été la cause, que le bien immense qu'il n'a point su, ni voulu faire, et que ses contemporains avoient droit d'attendre de lui, s'il avoit eu la conscience de son rôle, de ses devoirs, de sa véritable gloire; s'il avoit su fermer les plaies de la révolution, au lieu de les rouvrir et d'en faire de nouvelles plus profondes, non-seulement à la jours ensanglantée; tu devenois un état fédératif, indépendant de tes voisins, libre et heureux par une paix perpétuelle et par la sage harmonie de tes différens gouvernemens! HOLLANDE, tu bénissois l'influence françoise, et tu jouissois de tes trésors et de ton industrie! HELVÉTIE, tu conservois tes mœurs et tes lois, et tu ne voyois pas tes familles errantes au delà des mers! ESPAGNE, tu voyois renaître ton agriculture, ton commerce et ton génie national! ÉGYPTE, la civilisation, les arts, la propriété et la liberté reparoissoient sur ton sol dégénéré! POLOGNE, tu renaissois de tes cendres! CORPS GERMANIQUE, une organisation forte et libérale, appropriée à l'état actuel des lumières, garantissoit ton indépendance et tes droits! L'AUTRICHE et les divers états de L'ALLEMAGNE

France, mais à tous les gouvernemens et à tous les peuples de l'Europe; s'il avoit embrassé, dans des pensées vastes et généreuses, les grands intérêts de la France et de l'humanité, au lieu de rétrécir ses vues et ses plans, en ne voyant que lui, son élévation, sa fortune, son étoile; en un mot, s'il avoit su et voulu être l'homme de la patrie, l'homme de l'opinion publique, l'homme du siècle, au lieu de n'être que l'homme de son ambition personnelle et de sa propre destinée! ....

ne conservoient entre eux que des rapports d'égalité, utiles au développement de leur commerce et de leur industrie! Puissances du nord, Russie, Suède, Danemarck, Prusse, villes Anséatiques, vous étiez appelées à profiter du perfectionnement des institutions publiques, de la pacification générale et de la liberté politique, civile et commerciale de la république Européenne! Europe, enfin, qui peux exercer une si puissante influence sur le monde entier, où s'étendent tes relations, tu affermissois, pour plusieurs siècles peut-être, ton bonheur et ta gloire! Une impulsion progressive étoit donnée à l'esprit humain, dont le perfectionnement, favorisé par plusieurs causes réunies, présentoit des résultats et des avantages incalculables.

« Tout a été perdu. Une époque, unique dans l'histoire, a été manquée.

« La fortune de Buonaparte a réuni pour lui le concours des évènemens, des hommes et de lui-même. Son génie s'est proposé un autre but que le bonheur des hommes, une autre gloire que l'affermissement de leurs droits et de leur liberté. — Il a trompé l'univers, qui lui confioit ses destinées. Il a dit aux uns : Je serai *Washington ;* et ils ont marché avec joie sous ses drapeaux. Il a dit aux autres : Je serai *Monk* ; et ils ont écouté ses promesses. Il a dit aux sectateurs de l'Evangile : Je rétablirai la pureté de sa doctrine ; et ils ont béni le restaurateur de la morale et de la religion. Il a dit aux peuples : Je serai le protecteur de la paix générale ; et ils ont cru que la tranquillité du monde seroit l'objet de ses soins. Il a dit aux rois : J'étoufferai les principes destructeurs de la révolution, et je maintiendrai l'équilibre de l'Europe ; et les rois ont cru qu'ils n'avoient plus rien à craindre de son ambition ni de ses armes. Il a dit aux François : Je serai votre concitoyen, votre défenseur, votre ami ; et ils ont oublié son origine étrangère et les sentimens échappés à l'impétuosité de sa première jeunesse. — Les vrais philosophes ont espéré qu'il placeroit à ses côtés, au gouvernail de l'état, la modération, la sagesse, la douce philanthropie, une liberté et une égalité civiles, dont il avoit professé les principes, et sous les auspices desquelles il étoit parvenu au rang suprême. — Les républicains, les royalistes, les hommes religieux, les peuples, les rois, la nation françoise, les savans et les philosophes, tous ont cédé à cette étoile qui s'offroit pour présider au destin des états et de l'Europe ; tous ont écouté des promesses qui flattoient toutes les passions et toutes les espérances; mais, toutes les passions et toutes les espérances ont été trompées et trahies.

« On a reconnu le successeur d'*Alexandre*, avide de carnage, de guerre et de conquêtes; mais, on a cherché en vain la sensibilité, la noble générosité, l'élévation de vues du vainqueur de Darius, de l'ami d'Héphestion, de l'élève d'Aristote. On a retrouvé le génie dominateur de *César*; mais, on a demandé inutilement ce penchant à la clémence, cette grandeur d'âme, qui furent les premiers titres à la gloire de cet illustre Romain, jaloux de conquérir l'estime et les cœurs, même de ses plus grands ennemis. On a vu briller de nouveau les talens et le caractère de *Cromwell*; mais, on a regretté l'esprit national et l'amour de la patrie qui ont souvent inspiré le protecteur de l'Angleterre. — Buonaparte n'a ressemblé à aucun de ceux qui l'ont précédé. Il n'a point eu la plupart de leurs défauts; mais, il n'a eu aucune de leurs vertus. Il n'a jamais vu que lui seul; il n'a songé qu'à lui, n'a travaillé que pour lui; son ambition personnelle a tout concentré, tout absorbé dans la sphère de ses intérêts. Il a rapporté tout à sa domination; il a dirigé vers ce seul objet toutes les forces, toute la puissance de son génie et du peuple, dont il employoit et sacrifioit à sa volonté les immenses trésors et les nombreux citoyens. »

Le contre-sens politique, inspiré par un esprit de vertige, et par le délire de l'ambition et de l'orgueil, qui a caractérisé tous les plans de Napoléon, et qui a préparé, accéléré, déterminé sa chute, doit éclairer aujourd'hui (en *septembre* 1815) les princes souverains appelés à réparer les malheurs du monde. S'ils veulent consulter et accueillir les pensées des hommes sages et bien intentionnés, qui constituent la véritable opinion publique; s'ils veulent écouter cette opinion, dont la voix parvient si rarement à l'oreille des monarques, ils auront un point d'appui et une base pour élever un beau monument, un édifice durable. *Tout ce qui seroit fait, au contraire, sans l'opinion ou contre son vœu, seroit nécessairement un ouvrage fragile.*

Une époque décisive et réparatrice vient s'offrir une seconde fois. La plus belle gloire est réservée à ceux qui fixeront, d'une manière durable, les destinées d'une grande et généreuse nation.

Assurer la tranquillité de la France, c'est le plus sûr moyen de garantir celle de l'Europe.

Rétablir, après vingt-cinq années de troubles et de révolutions, la tranquillité générale du monde civilisé, c'est le titre le plus honorable à la reconnoissance et à l'admiration des hommes éclairés, et à *l'estime prolongée dans les siècles*, qui constitue la *gloire* et l'immortalité.

Les princes souverains et les hommes d'état, destinés à remplir une si noble tâche, apparoissent à leurs contemporains et à l'histoire, comme des génies bienfaisans qui viennent réparer les calamités que le génie du mal a depuis si long-temps versées sur les états.

Mais, si la France restoit encore en proie à une guerre prolongée, ou condamnée à l'humiliation d'une paix qui seroit une atteinte à son indépendance et à son intégrité, et dès lors une violation des promesses contenues dans les déclarations officielles des puissances alliées, de nouveaux troubles se manifesteroient en France, et réagiroient sur l'Europe. L'oppression d'une grande nation, dominée long-temps par un chef conquérant et ambitieux, qu'on voudroit punir outre mesure des calamités dont ce chef a couvert l'Europe, et dont elle a été la première victime, seroit un acte de violence et d'injustice, qui exciteroit dans tous les pays, chez toutes les âmes généreuses, une indignation concentrée; plus tard, cette indignation ne manqueroit pas d'éclater. Les nouveaux désordres et les abus auxquels donneroient lieu l'ivresse des succès et l'aveuglement de l'orgueil, retomberoient sur les autres nations. Si, au contraire, les puissances usent d'une sage modération envers la France, elles mériteront et obtiendront l'estime de leurs sujets respectifs; elles affermiront les trônes, en même temps que l'ordre social, et préviendront de grands malheurs.

II.

COUP-D'ŒIL

SUR

QUELQUES-UNES DES INSTITUTIONS DE LA FRANCE,

Au commencement de l'an 12 (janvier 1804).

Tout le pouvoir, toute l'influence, toute la considération, les richesses, les honneurs, les places, les finances, les opérations diplomatiques et militaires, l'armée, la marine, la législation, la police, l'administration, tout est dans les mains d'un seul homme. Cet homme veut tout faire par lui-même et rapporte tout à lui.

Nous n'avons point de constitution, mais un maître absolu qui a tout absorbé. Nous avons quelques institutions qui s'organisent par ses ordres et sous ses auspices, mais lentement, avec précaution, et qui toutes ont pour objet de nous ramener aux préjugés, aux coutumes, aux abus de l'ancien régime. Ce contre-sens complet du gouvernement, qui méconnoît, méprise et blesse ouvertement l'opinion publique, doit tôt ou tard déterminer sa chute.

A la tête de ces institutions est la *conscription*, qui, sous un régime libre, établie sur les premières bases déterminées par la loi de l'an 6, devoit créer une nation généreuse et guerrière, composée de citoyens toujours prêts à défendre leur patrie ; mais qui, modifiée habilement au profit du despote, livre à l'arbitraire de ses caprices et de ses volontés tous les enfans des familles françoises, et lui assure, plus qu'aux anciens rois, la libre et absolue possession des personnes de ses sujets.

Après la conscription, vient *l'institution des Lycées ;* elle abandonne également à la disposition du Chef suprême la portion de la jeunesse, qui n'est pas encore en âge de porter les armes. Nul n'est admis dans les Lycées sans un arrêté de nomination du premier Consul. Ce pouvoir de n'ouvrir les portes des écoles publiques, et de n'assurer des moyens d'instruction qu'aux enfans de ceux qui ont mérité ses faveurs, lui attache tous les parens par les liens les plus chers, l'affection qu'ils portent à leurs fils, et le désir qu'ils éprouvent de les faire jouir des bienfaits d'une éducation soignée.

La création des places d'*auditeurs* au conseil d'état et auprès des différens ministères, des tribunaux et des administrations, places exclusivement destinées aux fils des principaux fonctionnaires publics, est une *troisième institution* qui a encore pour but de rattacher les parens au chef de l'état par l'intérêt de leurs enfans. Buonaparte acquiert ainsi une grande influence sur toute la nation et sur les premières familles, en s'emparant de la jeunesse, en jetant, pour ainsi dire, la génération future dans le moule de la servitude, en la façonnant au dévouement à sa maison régnante. Il a, de plus, une autre vue politique dans cette institution, qui tend à établir insensiblement une aristocratie héréditaire des places, sorte de supplément à la noblesse. Les enfans des familles riches, des grands propriétaires, des hommes auxquels le gouvernement est obligé de laisser une certaine portion d'influence et d'autorité, seront seuls initiés de bonne heure au maniement des affaires publiques; ils formeront une espèce de corps privilégié, composé de familles patriciennes de la création de Buonaparte, qui occuperont seuls tous les emplois lucratifs et importans.

La *légion d'honneur*, dont la formation, méditée et préparée depuis long-temps, n'a eu lieu que d'une manière insensible et progressive, est une *quatrième institution* qui doit rendre le chef de l'état maître absolu de l'armée, distributeur des grâces, des honneurs, des titres, des marques de distinction, qu'il accordera exclusivement à ses créatures.

Cette légion est une cohorte prétorienne de nobles nouveaux, qui enchaînera toute la classe des militaires, et beaucoup d'hommes, dans l'état civil, au char du dictateur.

Enfin, l'établissement des *sénatoreries, cinquième institution* dictée par le même esprit, place dans la dépendance entière du maître la seule autorité créée par la prétendue constitution de l'an 8, qui paroissoit devoir protéger les droits de la nation et offrir une corporation intermédiaire, influente par son crédit politique, par ses lumières, son énergie, et par la force de l'opinion, propre à servir de rempart et de digue contre les assauts et les débordemens du despotisme.

Les *collèges électoraux*, présidés par des hommes à la nomination du premier consul, composés des plus riches propriétaires et des citoyens qu'il a désignés, forment un *sixième* anneau de l'immense chaîne dans laquelle un maître habile enlace insensiblement toute une nation, justement fatiguée du régime qu'on avoit décoré à ses yeux du beau nom de liberté; mais qui est entraînée, sans le savoir, vers l'extrême opposé, et qui se précipite dans la tyrannie.

Voilà les *six institutions* qui attestent, par leur nature et leur objet, que toutes les conceptions du maître sont uniquement et exclusivement relatives à l'agrandissement, à l'extension indéfinie, à la conservation et à la transmission de sa domination usurpée.

En même temps qu'il organise, avec une circonspection inquiète et avec une dissimulation profonde, les divers élémens de sa puissance, qu'il éblouit dans l'intérieur les yeux des citoyens par quelques ordres utiles et politiques, relatifs à des réparations de routes, à des ouvertures de canaux, pour favoriser la navigation et les communications intérieures; il consacre secrètement sa pensée aux moyens d'effectuer promptement et avec succès son expédition projetée depuis long-temps contre l'Angleterre.

Il avoit médité la guerre, en signant la dernière paix. Cette paix lui a servi pour exciter l'enthousiasme et la reconnoissance des François, et pour lui assurer sa nomination au *consulat à vie*; la guerre devoit lui servir, immédiatement après, à détourner les regards des

François de leur situation intérieure, de leurs intérêts les plus chers et des accroissemens successifs de son autorité, pour transporter leur attention et toutes leurs pensées hors de leur patrie, et pour attacher uniquement leurs regards sur le théâtre des combats. Cette guerre entre en même temps dans son système de finances; la conquête doit lui fournir les moyens d'acheter par le brigandage et par les largesses de nouvelles créatures, et de conserver celles qui lui demandent le prix de la continuation de leurs services et de leur dévouement.

...... La France, administrée au dedans militairement et despotiquement, victorieuse au dehors, jette un éclat trompeur, comme sous Louis XIV; mais voit réellement dépérir peu à peu son agriculture, son industrie, son commerce, ses manufactures, ses finances, et surtout ses mœurs et son caractère national. La liberté civile et politique, principe créateur et conservateur de tous ses moyens de prospérité, s'éteint et disparoît. Le crédit n'existe plus; les impôts sont excessifs, les dépenses disproportionnées aux ressources : une impulsion rétrograde est imprimée à l'état, dont toutes les parties offrent des symptômes affligeans de décadence.

III.

FRAGMENT

SUR LA SITUATION MORALE ET POLITIQUE DE LA FRANCE,

ET SUR LA SITUATION GÉNÉRALE DE L'EUROPE,

AU MOIS DE MAI 1805;

Extrait de Mémoires particuliers écrits à cette époque.

I......... L'EXAGÉRATION de la flatterie et de l'engouement est le caractère de l'époque actuelle. Il y a plusieurs grandes choses à admirer : ce ne sont pas celles qui obtiennent les éloges exagérés de beaucoup de gens. On a exagéré l'amour de la liberté, la haine de la superstition, l'horreur de tout ce qui rappeloit la monarchie, et ensuite l'horreur de tout ce qui tient à la philosophie, à la raison, à la liberté. On ne vouloit que réformer et innover : on proscrit les réformateurs, les innovateurs. On ne loue, on ne veut que ce qui existoit autrefois; on recherche et on rétablit les abus, plutôt que les choses qui pouvoient être en effet bonnes et louables. Tous les genres d'exagération ont tour à tour été à la mode chez une nation vive, légère, inconstante, passionnée.....

II........ Les excès du luxe et du faste, dont la nouvelle cour donne l'exemple, et qui, sous plusieurs points de vue, ont de funestes conséquences, font que personne ne se trouve assez riche pour arriver au niveau de ceux auxquels il croit pouvoir s'égaler; ils ébranlent ainsi tous les principes de moralité, en inspirant une soif générale et immodérée des richesses acquises par toutes sortes de moyens; ils nécessitent une augmentation toujours progressive d'impôts, d'où résulte un mécontentement public et toujours croissant. Ces excès d'un luxe désordonné, dont l'Empereur donne l'exemple dans l'organisation de sa maison, et fait une loi à tous ceux qui l'entourent, entrent dans son système politique, qui ressemble en ce point à celui qu'avoit adopté et suivi Richelieu pour abaisser les grands. Buonaparte veut tenir toujours dans sa dépendance des hommes auxquels il donne toujours de nouveaux besoins, et qui ne savent plus se passer des trésors qu'il peut seul leur prodiguer. Si les nouveaux enrichis avoient joui de leur fortune avec une sage économie, ils auroient été facilement heureux et trop indépendans. On les ruine à dessein par un luxe commandé, pour les enrichir, s'ils le méritent par leur docilité, leur soumission et leurs bassesses, à condition qu'ils se ruineront encore, pour obtenir de leur maître de nouveaux moyens de jouissances et de fortune. L'emploi des richesses, dirigé vers des objets utiles, auroit produit une plus grande prospérité dans l'état, mais n'auroit pas également rendu les possesseurs de biens considérables dépendans des prodigalités et des largesses du prince.

III........ L'armée se désorganise, sous plusieurs rapports. Les colonels ont une prépondérance exclusive et dominatrice. Toutes les places d'officiers sont données à des jeunes gens appartenant aux premières familles du régime actuel. Les colonels, qui tiennent à la cour ou à des maisons puissantes, sont indépendans, même des généraux, qui n'ont pas les mêmes avantages. Autant ces chefs de régimens sont impérieux et insolens dans leur commandement, autant ils sont bas et soumis dans les antichambres où ils vont faire leur service. Ils s'honorent d'être des valets titrés.

Les mots de *sire*, *majesté*, *mon empereur*, *mon prince*, *monseigneur*, *excellence*, *altesse*, remplissent et enflent toutes les bouches : on se dédommage d'avoir été si long-temps sans pouvoir les prononcer. Les soldats, livrés à une autorité arbitraire, sont privés d'une partie de leur modique solde, qu'on leur retient sous différens prétextes, et qu'on détourne au profit de plusieurs de ceux qui devoient leur en garantir l'intégrité. Chaque officier prend un soldat pour le servir. Les chefs sont valets du maître et des princes de sa famille; les soldats sont valets des chefs et des officiers. Cet esprit de domesticité ne s'accorde guère avec l'esprit martial qui produit les victoires. *Un honneur fondé sur la bassesse repose sur un faux principe, et ne produira rien de grand.* Des guerriers, tous plus ou moins serviteurs et valets, énervés et avilis, vaudront-ils des guerriers libres et citoyens, pauvres, sobres et fiers, endurcis aux fatigues, habitués au mépris des périls, amoureux de la patrie et avides de la gloire?...

Les militaires forment une classe à part et regardent les citoyens comme au-dessous d'eux. Ils les appellent des bourgeois, des *manans*, des *pekins*. Ils les oppriment dans l'occasion, comme s'ils étoient en pays étranger, ennemi et conquis. Des garnisaires sont envoyés chez un agriculteur qui avoit refusé d'obéir à une réquisition illégale. Il adresse une plainte au magistrat civil, qui craint et mollit. La violation de la loi et la vexation, à main armée, exercée au sein de l'état par des guerriers défenseurs de l'état, se trouvent encouragées par l'impunité.

IV........ On a converti en impôts fixes pour l'an 13 et l'an 14, les dons en centimes additionnels, arrachés en l'an 12 par l'influence et les manœuvres de quelques hommes vendus, et présentés comme offrandes patriotiques, pour subvenir à la guerre contre l'Angleterre. La somme des impositions de tout genre s'élève, pour chaque propriétaire, à plus d'un quart de son revenu. De peur qu'on ne crût encore que le produit de tant de tributs appartenoit à la nation et devoit être employé à des usages nationaux et d'utilité publique, on a substitué les mots *trésor impérial*, à ceux de *trésor public*, qui avoient eux-mêmes succédé à la dénomination de *trésorerie nationale*. En tout, les progressions et les gradations observées avec beaucoup d'habileté, ont été l'un des moyens de la politique du maître. Il y a eu d'abord *trois consuls*, et un premier pour dix ans, qui se cachoit, pour ainsi dire, à l'ombre de ses collègues, à la faveur d'une apparente égalité entre eux et lui. Il est devenu président d'une république étrangère, sans le concours du gouvernement dont il n'étoit que le chef temporaire. Puis, il a su se faire nommer *consul à vie*, sans oser encore effacer les mots de *république* et de *liberté*. Le sénat, qu'on avoit d'abord placé à dessein hors de toute sphère d'ambition, pour le rendre indépendant du pouvoir exécutif, est devenu plus riche, mais plus asservi. Un *consul à vie*, pouvant choisir son successeur, étoit déjà chef unique; mais, son titre se ressentoit des idées républicaines. Il s'est fait déférer *l'empire*, sans vouloir encore effaroucher par le nom de *roi* des oreilles habituées depuis dix ans à le repousser comme odieux. Enfin, ce titre désiré, il se l'est fait donner dans la république, dont il étoit président, et qu'il a érigée en royaume, toujours en motivant ces changemens, aux yeux de la masse imbécile et ébahie, sur le prétexte de l'intérêt public et du bonheur des peuples. Les membres de la légion d'honneur, dont beaucoup s'étoient félicités de prêter un serment qui proscrivoit le retour du régime féodal, ont vu peu après ériger une île en fief relevant de la couronne, au profit d'un nouveau prince de la nouvelle dynastie ; ils ont entrevu de nouvelles donations de fiefs, de principautés, de baronnies ; ils ont entendu citer Charlemagne, non dans l'intention de l'imiter, en avançant son siècle, comme il l'a fait à plusieurs égards, mais en faisant reculer et rétrograder l'âge présent jusqu'à l'état de barbarie où les contemporains de Charlemagne étoient plongés. Les laquais, les livrées, les chambellans, les écuyers, les aumôniers, les pages, les cordons, les étiquettes ont reparu, plus que dans l'ancienne cour. On y a mis une plus grande importance. Rapetisser, corrompre, dégrader, avilir les âmes, voilà le moyen par lequel on croit pouvoir consolider le nouvel ordre de choses. Épuiser le peuple et le rendre misérable, voilà le moyen qu'on emploie pour le rendre plus propre au joug. Tous ces symptômes de décadence présagent la chute prochaine d'un ordre de choses qui n'aura pour appui ni les anciens prestiges, ni les nouvelles opinions.

Les prêtres ne font pas moins de mal que les militaires. Comme eux, indépendans du peuple, esclaves du gouvernement, plus étrangers encore au reste de la nation, aux idées sociales et aux souvenirs de la révolution, avides et avares, intolérans et dominateurs, ils reprennent peu à peu leur empire, font argent de tout, règnent par le double moyen du tribunal secret ou de la confession, de la tribune publique ou de la prédication et de la chaire, mettent à un prix exorbitant les baptêmes, les mariages, les enterremens, les messes, les cloches, multiplient les quêtes, reçoivent du gouvernement, reçoivent des autorités locales, reçoivent des particuliers, trouvent des badauds qui croient en eux, des hommes qui ont peur et qui paient par lâcheté... Tout cela durera-t-il? — Cela va bien, dit un des prêtres installés par Buonaparte; nous avons beaucoup de morts depuis quelque temps, et on paye beaucoup de messes. Misérables spéculateurs, charlatans hypocrites, quand finira votre règne qui déshonore l'humanité?... Des juges vénaux, des administrateurs mous, égoïstes, insoucians, ennemis du peuple et du bien public, esclaves du maître pour conserver le droit d'opprimer en son nom ceux qu'il ose appeler ses *sujets*; insolens, vils, avides, corrompus, se rendent complices des abus du nouvel ordre de choses.

Il y a, cependant, un point de vue qui éblouit, qui séduit, qui enchante le vulgaire. Pendant les fêtes du gouvernement d'Italie, pendant que Buonaparte ne paroît occupé que de plaisirs, ses flottes parcourent les mers, menacent les colonies angloises dans les Antilles.... et l'*Angleterre* elle-même, livrée aux dissensions, aux partis, gouvernée par un monarque inhabile et par des ministres corrompus, craint de se voir envahie. Les préparatifs de descente ont une extrême activité à Boulogne (prairial an 13), et l'*Europe* attend le dénouement de la crise. Ses rois sont dans l'insouciance de la stupeur et immobiles. *Gênes* se prépare à être incorporée, malgré son vœu, à ce nouveau *royaume d'Italie*, qui engloutira, si l'on n'y prend garde, tous les petits états circonvoisins. La *Suisse* envoie ses premiers magistrats à son *médiateur*, dont ils se reconnoissent les vassaux et presque les sujets. La *Hollande*, qui voit créer dans son sein un *grand-pensionnaire*, prévoit qu'elle ne restera pas long-temps nation indépendante; que les jours de sa liberté et de sa prospérité sont éteints; qu'elle est à la veille d'être rayée du tableau de l'Europe. Le prince de la Paix n'est, en *Espagne*, que le lieutenant de l'empereur de France; et le roi Charles n'est plus qu'une ombre de roi, un reste dégénéré de son illustre race. Le prince régent de *Portugal* reçoit les ordres suprêmes de l'ambassadeur impérial, aide-de-camp de son maître, agent de ses volontés, janissaire docile à Paris, sultan impérieux à Lisbonne. La *Prusse*, qui veut paroître l'amie du grand potentat, à l'air de le caresser et de le flatter. Les petits *états d'Allemagne* lui font à l'envi la cour; l'*Autriche* le hait, mais le craint et le ménage; les *villes anséatiques* s'humilient, pour n'être point dévorées. La *Suède* frémit et se tait : son jeune roi voudroit pouvoir se déclarer le champion de l'Europe craintive et opprimée; mais, les princes voisins enchaînent sa fougue belliqueuse, et ses propres sujets ne sont point disposés à la seconder. Le *Danemarck*, sage et paisible, s'occupe uniquement de sa prospérité intérieure, ne fait point parler de lui, et fait chaque jour de nouveaux pas, lents, mais bien assurés, vers la civilisation. La *Russie* observe sans crainte, mais avec prudence : son jeune empereur ouvre à la fois les yeux sur son vaste territoire, sur la nécessité de hâter les progrès de l'agriculture, de l'industrie, du commerce et de la population; sur l'Asie, où il soutient la guerre contre la Perse, et conserve des relations diplomatiques, amicales et commerciales avec la Chine, le Japon, l'Indostan; sur la Turquie, dont les dépouilles semblent promises aux grands états de l'Europe; sur la France, dont l'effrayante prépondérance peut menacer un jour les peuples du nord; sur l'Angleterre, dont la Russie voit avec une égale inquiétude, ou la domination absolue sur les mers augmentée et affermie, ou la puissance renversée et totalement détruite par le colosse françois, qui n'aura plus de concurrent et pèsera sur l'Europe. La *Turquie* est dans les convulsions de l'agonie : tour à tour furieuse et se déchirant elle-même, puis foible, épuisée, mourante, sans plan, sans vues, sans but, sans moyens, sans ressources. Des pachas rebelles se disputent ses provinces. Des guerres civiles, ou plutôt des incursions et des pillages y remplissent toutes les parties de scènes de désolation et de deuil. Les puissances, qui méditent le partage de ces belles contrées aujourd'hui si malheureuses, y favorisent les dévastations et les troubles, pour avoir des prétextes d'y introduire leurs armées et leur domination. Les *régences barbaresques*, en exigeant des tributs de la Suède, des États-Unis, de la Prusse, de la Hollande, même de la cour de Vienne, rendent hommage au puissant monarque des Gaules et de l'Italie; et s'applaudissent peut-être, dans leur grossière et cruelle politique, de voir un *bey* suprême faire régner, dans la partie la plus civilisée de l'Europe, leur système de despotisme absolu. L'*Amérique*, dirigée par les conseils du sage et vertueux *Jefferson*, ne voit que de loin les évènemens nouveaux dont l'Europe est le théâtre; trompée par une douce illusion, elle ne croit peut-être pas encore que le mal soit aussi grand et aussi dangereux qu'il l'est en effet, ni qu'il doive la menacer bientôt elle-même..... Si l'Angleterre succombe (et cela est possible; car elle est divisée, corrompue, effrayée), l'équilibre de l'Europe et du monde est détruit. Les nations et les rois tombent les uns après les autres devant le jeune conquérant qui a médité le sceptre européen, la monarchie universelle, et qui n'a vu de gloire que dans le monde soumis par les armes et fléchissant devant lui. Rendre les hommes heureux, sa patrie florissante, l'Europe jalouse de la félicité qu'il pouvoit procurer à la France, voilà ce que lui proposoient, comme but d'une ambition noble et légitime, des hommes qu'il a éloignés et proscrits, parce qu'ils vouloient que les Trajan, les Titus, les Louis XII, les Henri IV fussent ses seuls modèles. Histoire, patrie, avenir, vérité, je vous consacre ces lignes...........

IV.

NOTE

SUR LA SITUATION GÉNÉRALE

DE LA FRANCE ET DE L'EUROPE,

Au mois d'octobre 1813.

Je recueille, dans ma correspondance et dans les relations d'un grand nombre de militaires et de voyageurs que j'ai l'occasion d'interroger, les détails les plus affligeans sur la situation actuelle de la France et des autres parties de l'Europe. L'ami de l'humanité contemple avec terreur le tableau des malheurs présens, qui lui font redouter de plus grandes calamités dans un avenir peu éloigné.

Les *armées françoises employées en Espagne* viennent de perdre plus de cinquante mille hommes, mis hors de combat dans les deux fatales journées des 21 juin et 28 juillet derniers, dont aucune de nos mensongères et insipides gazettes n'a osé parler. Notre *grande armée d'Allemagne* est réduite à gémir sur ses récentes et éclatantes victoires des 21, 22 et 28 août dernier, semblables à celles de Lutzen et de Bautzen, non moins meurtrières, et presque aussi funestes que des batailles perdues. Dans l'*intérieur de la France*, les fléaux réunis de la *conscription*, des *réquisitions*, des *contributions* de tout genre, dépeuplent et désolent les familles. Dans nos *contrées méridionales* et sur toutes nos frontières, les gardes nationales sont obligées de faire un service actif de troupes de ligne; tous les citoyens sont enlevés à leurs affaires et à leurs familles pour assurer la défense du territoire : nos ports de Marseille et de Toulon sont étroitement bloqués et journellement menacés par les Anglois.

En *Illyrie*, une partie du pays est soulevée; l'autre est dévorée par les troupes chargées de la défendre : la malheureuse ville de Villach vient d'être incendiée tour à tour par les Autrichiens et par les François.

En *Bavière*, on fait marcher toutes les colonnes mobiles de gardes nationales; le territoire entier devient un camp et la nation une armée.

Les *Villes anséatiques*, autrefois si florissantes par l'heureuse influence de la liberté, de l'industrie, du commerce et de la paix, sont aujourd'hui ruinées et anéanties par le despotisme, la guerre et la hideuse fiscalité.

Comment fixer nos regards sur la déplorable *Pologne*, trompée dans ses plus nobles espérances; sur la *Prusse*, dont les malheureux habitans implorent en vain les mânes du grand Frédéric, et confient à l'avenir le soin de leur vengeance; sur la *Saxe* infortunée, qui rappelle ces martyrs condamnés à être écorchés vifs par de sanguinaires tyrans; sur la *Suède*, dont le prince royal, né François, d'un caractère noble, généreux, héroïque, se voit réduit, pour défendre la cause générale de l'Europe, à porter les armes contre sa première patrie; sur le *Danemarck*, entraîné depuis long-temps, malgré lui, dans le tourbillon où s'engloutit le monde civilisé; sur la vaste et fertile *Allemagne*, devenue un théâtre affreux de carnage; sur la *Hollande*, province conquise et nation avilie, dont les citoyens épars n'ont plus de point d'union ni d'espérances communes; sur la *Russie*, qui pouvoit s'élever au plus haut degré de prospérité, mais dont toutes les ressources sont consumées par une guerre d'extermination dirigée contre elle, sans but raisonnable, sans motif avoué; sur l'*Angleterre*, qui a cru pouvoir profiter des dissensions et des guerres du continent, qu'elle a en partie excitées, mais qui ressent aujourd'hui le contre-coup des évènemens désastreux dont l'Europe est la proie; sur la belle et triste *Italie*, couverte, comme au temps des condottieri, de bandes de conscrits réfractaires, devenus, par une dure nécessité, des brigands ennemis de l'ordre public et de la sûreté individuelle, en guerre ouverte avec la société; sur l'*Espagne* et sur le *Portugal*, qui ne sortent d'un long assoupissement que pour se débattre, à leur réveil, dans un océan de sang; sur la *Turquie*, foible et mourante, qui ne se conserve qu'à la faveur des luttes sanglantes prolongées entre les autres états, mais qui emploie contre elle-même le reste de ses forces : en Asie, contre les pachas révoltés; en Égypte et en Afrique, contre les mamelucks et les beys; en Europe, contre les Serviens excités par l'Autriche et la Russie; sur le rocher de *Malte*, où règne la peste dévastatrice qui menace de faire une invasion en Italie; sur l'*Amérique*, enfin, associée par des intrigues criminelles aux folies, aux fureurs et aux calamités de l'Europe. Partout le délire de la fureur, la stupidité de l'esclavage, l'épuisement, la misère, le deuil et la mort.

Et c'est dans un siècle qui devroit recueillir les fruits des vastes et honorables travaux d'une longue suite de siècles, employés à augmenter progressivement et à répandre les lumières, à polir les mœurs des nations, à perfectionner les gouvernemens, à leur montrer leurs premiers devoirs et leurs plus chers intérêts dans la prospérité des peuples; c'est à une époque où la civilisation avancée dont s'enorgueillissent nos contemporains pourroit prodiguer ses bienfaits, pourroit améliorer sur tous les points de la terre la condition humaine, que les hommes, insensés et furieux, égoïstes et ingrats, esclaves avilis, gladiateurs féroces, préparent des pages honteuses et sanglantes à l'histoire. Ils n'offrent à leur siècle et à la postérité, au lieu de nobles et généreux efforts pour rendre les sociétés plus florissantes, que des scènes de pillages, d'assassinats, et de grands jeux funéraires.

La triste Europe, en proie à d'horribles batailles,
Célèbre follement ses propres funérailles.

L'examen réfléchi des causes qui ont produit tant de crimes et de malheurs, la recherche des moyens qui peuvent enfin y mettre un terme, doivent fixer toutes les méditations des véritables hommes d'état et des philosophes amis de l'humanité.....

CONCLUSION.

Les trois Mémoires politiques et les quatre Fragmens historiques, qui précèdent, appartiennent essentiellement à l'histoire du règne de Napoléon. Ils servent à expliquer les dispositions et la conduite d'un grand nombre de François, qui ont pu et qui ont dû, pour obéir à leur conscience, à leur patrie et à la nécessité, le servir d'abord, l'abandonner ensuite et le désavouer, sans jamais cesser d'être constans avec eux-mêmes, et observateurs religieux de leurs devoirs les plus sacrés.

Les bons François, en effet, ont dû le servir loyalement, pendant long-temps, même sans l'estimer ni l'aimer, puisqu'il étoit reconnu, en France, comme en Europe, le chef de la nation françoise, et parce que le bonheur ou le malheur de cette nation devoit nécessairement dépendre du bon ou mauvais usage qu'il feroit de sa puissance. Les mêmes hommes ont pu et ont dû, lorsqu'il a rendu évidentes et publiques à la face du monde entier l'injustice et l'extravagance de ses plans de guerre, de conquête, de tyrannie universelle, abandonner sa cause, devenue impie, pour n'être point complices de ses crimes, et pour sauver, s'il en étoit temps encore, leur patrie infortunée, trahie et précipitée dans l'abîme par le chef même auquel elle avoit confié le dépôt de son indépendance, de son existence et de sa gloire.

Affreuse alternative dans laquelle se sont trouvés les hommes les plus honnêtes et les plus éclairés (1)! Ils étoient réduits à la nécessité, ou de servir le tyran (et c'étoit trahir leur conscience, et contribuer à la ruine de leur pays); ou de se déclarer contre le tyran (et c'étoit à la fois exposer leur fortune, leur vie, leur réputation, leur honneur même aux yeux de la

---

(1) L'un d'eux, obligé de servir dans les armées une cause qu'il regardoit comme désespérée, mais surtout comme injuste et anti-françoise, exprimoit, dans les deux vers suivans, *en* 1813, ce que sa situation avoit de pénible et d'affreux :

J'ai connu des douleurs égales aux remords;
J'ai vécu dans l'enfer, sans aller chez les morts.

masse de la nation aveugle et trompée, qui auroit laissé condamner au dernier supplice et flétrir des noms odieux de *traîtres*, de *rebelles*, d'*indignes François*, les citoyens généreux qu'une indignation vertueuse eût conduits, avec Bernadotte et Moreau, dans les rangs des armées coalisées contre le chef de la France, devenu l'artisan de ses malheurs et de sa ruine.)

En 1800 *et* 1801, après la victoire de Marengo et le traité de Lunéville, un bon François pouvoit espérer encore que le premier Consul mettroit à profit la circonstance favorable de la paix, pour fixer l'organisation et les destinées de la France et de l'Italie. (Voyez le *Mémoire* écrit et remis au général Buonaparte, en *juillet* 1800, *sur l'Italie et sur la France.*)

Au bout de quelques années, les hommes éclairés, qui avoient suivi de près la marche de Buonaparte, ne pouvoient plus se faire illusion. L'âme et les projets du Consul, qui déjà méditoit l'usurpation impériale, n'étoient plus couverts d'aucun voile à leur yeux.

Mais, la même main qui traçoit en secret pour l'histoire le *jugement anticipé sur Buonaparte* (Voyez le *Fragment historique et politique* ci-dessus, n° I, écrit *en juillet* 1803), pouvoit, par un dernier et courageux effort, lui présenter des vérités tendantes à faire organiser, sous le nom *obligé* d'*empire*, une monarchie constitutionnelle et tempérée, seule convenable aux intérêts de la France et de son chef. (Voyez le *Mémoire politique* ci-dessus, écrit et remis au mois de *mai* 1804.)

L'observateur patriote, qui devoit s'éloigner volontairement de la cour et des emplois supérieurs, pour n'être point le complice d'une administration violente et tyrannique, n'avoit plus d'autre moyen de servir la cause sacrée de la France et de la vérité, qu'en traçant dans l'ombre quelques lignes consacrées à l'avenir, pour se rendre compte de la nature, des causes et des progrès des malheurs publics, afin d'épier le moment où il deviendroit possible d'en arrêter le cours. Ces gémissemens étouffés d'un véritable et pur François, cette protestation énergique contre les guerres injustes, contre les fautes et les crimes qui perdoient son pays, ont inspiré l'auteur des *trois derniers Fragmens*, dans lesquels on voit successivement, en 1804, en 1805, en 1813, se manifester des symptômes toujours croissans de décadence. (Voyez les *Fragmens II, III et IV* ci-dessus.)

Enfin, l'espèce de fermentation putride qui caractérise la maladie du corps social, oblige de recourir à un moyen violent, de solliciter l'amputation d'un membre gangréné, dont l'état de corruption gagne rapidement toutes les autres parties du corps. C'est alors, en *octobre* 1813, que tous les liens sont rompus, qu'une sorte de dissolution morale et politique se manifeste; tous les devoirs cessent d'exister envers le coupable auteur des calamités de l'Europe. Les militaires, les administrateurs, les citoyens les plus fidèles, qui servent dans ses armées ou qui occupent des fonctions publiques dans son empire, doivent se rappeler qu'ils sont nés François, qu'ils sont hommes, avant d'être ses sujets, ses fonctionnaires ou ses soldats; et que les intérêts, le salut de la France, de l'Europe, de l'humanité commandent impérieusement de briser son glaive ensanglanté, pour empêcher les extrêmes malheurs, dont l'effrayante perspective ne peut plus échapper à l'œil le moins clairvoyant.

A cette dernière époque, le pressentiment de la ruine prochaine et entière de sa chère patrie, qu'il voudroit retenir au bord du précipice, dicte à l'auteur, devenu dans son exil, sur une terre étrangère et dans une retraite profonde, le véritable interprète de tous les bons François, le *Mémoire politique* intitulé

Le Conservateur de l'Europe, etc., qui est un appel à la justice et à la politique des souverains alliés. La même voix, qui s'est fait entendre inutilement à Buonaparte, s'adresse aux rois de l'Europe, appelés à opposer des digues aux débordemens de son ambition. (Voyez le *Mémoire* ci-dessus, écrit *au mois d'octobre* 1813.)

Certes, si ce mémoire, parvenu à sa destination, avoit pu être accueilli dans le congrès des rois, et inspirer dès ce moment toutes leurs résolutions, une déclaration franche et publique des puissances et un acte positif du congrès, propres à dissiper toutes les inquiétudes, à calmer les haînes entre les peuples, à détruire toutes les calomnies répandues en Franne par l'usurpateur, à fixer toutes les opinions incertaines, à rassurer la France menacée d'un démembrement, à rattacher tous les gouvernemens à des principes de modération et de sagesse, à rétablir sur des bases solides l'équilibre de l'Europe et la paix générale, auroient prévenu les nouvelles batailles et les catastrophes sanglantes, qui ont signalé les deux derniers mois de l'an 1813, et les quatre premiers mois de l'an 1814.

On auroit surtout rendu impossible l'affreux

retour de l'*échappé de l'île d'Elbe*, qui a rappelé, en *juillet* 1815, l'Europe armée au milieu de la France conquise, et qui, en rallumant tous les feux d'une guerre d'extermination et toutes les passions mal éteintes entre les François, a comblé les maux des nations européennes, et consommé les désastres de la France. . . . . . .

Aujourd'hui (en *octobre* 1815), si la sagesse peut triompher des passions; si l'expérience du passé, les souvenirs de nos longues révolutions, les leçons du malheur peuvent enfin pénétrer les âmes d'une impression profonde et salutaire, du besoin de l'union et de la paix, de la nécessité de garantir fortement les personnes et les propriétés; si les sentimens d'un vrai patriotisme succèdent à cet égoïsme corrupteur, vice anti-social et matière première de tous les vices, qui s'étoit communiqué, comme une maladie contagieuse, à tous les personnages influens dans l'état et à toutes les classes de citoyens; si la renaissance d'une religion sainte et bienveillante, comprise dans son véritable sens, ranime parmi nous les vertus morales, l'esprit de tolérance et d'humanité, nécessaire pour étouffer les germes de dissensions; si l'affection et la fidélité, qui doivent unir la nation et son roi, les fortifient l'un par l'autre : alors la France pourra sortir honorablement de l'abîme de malheurs dans lequel des circonstances fatales et surtout les passions criminelles de ses conducteurs l'ont précipitée.

Le traité de paix, qui nous réconcilie avec l'Europe, vient d'être signé. Sans doute les conditions de ce traité nous font expier chèrement les fautes de quelques hommes. Mais, une douleur inutile nous plongeroit dans un état d'accablement qui détruiroit toutes nos forces morales. Il s'agit moins de gémir sur nos pertes, que d'apprécier nos ressources; et de nous plaindre de notre destinée actuelle, que de chercher en nous-mêmes les moyens de la rendre meilleure. Nous aurions tort d'écouter des hommes mécontens et irrités, qui nous aigrissent et qui augmentent nos malheurs au lieu de nous calmer et de verser un baume réparateur sur les plaies publiques.

Ne regrettons point quelques parties de territoire qui nous sont enlevées, ni les contributions qui doivent rembourser les frais de la guerre, ni les monumens des arts, que la victoire avoit réunis dans nos musées, et qu'elle disperse aujourd'hui dans les différentes contrées de l'Europe.

L'existence politique de la France doit puiser toute sa force dans l'union de ses habitans, dans l'énergie et la pureté de son caractère national. Soyons donc unis : bannissons les causes de divisions; rallions-nous autour du trône constitutionnel, et sous l'égide des lois. Faisons honorer, estimer et respecter notre nation par son patriotisme, autant qu'elle s'est distinguée par son courage.

Nous devons faire, il est vrai, d'immenses sacrifices. Mais, si nous avons la paix intérieure, nécessaire pour faire fleurir l'agriculture, le commerce, l'industrie et les arts, nous verrons renaître peu à peu, par nos vertus nationales, et par une activité bien dirigée, ces richesses dont la véritable source est dans notre sol, favorisé de la nature, dans nos bras et dans nos facultés intellectuelles.

Ces monumens des arts, que nous voyons s'éloigner à regret, nous pouvons, en peu d'années, les remplacer par d'honorables chefs-d'œuvres, que nos artistes nationaux doivent multiplier pour la patrie, et qui attireront de nouveaux les étrangers au milieu de nous.

Noble et chère France! que tes enfans soient toujours unis! qu'une sainte émulation pour le bien public les enflamme! que les leçons pénibles de l'adversité raniment dans nos cœurs les vertus civiques, long-temps étouffées par l'influence meurtrière du despotisme, qui nous offroit les dehors d'une prospérité trompeuse ! Que notre Roi voie briller d'un doux et pur éclat les années de règne qui lui sont encore destinées par la Providence! Que l'Europe, après avoir admiré la valeur héroïque de nos soldats, en déplorant la funeste direction qu'ils avoient reçue, éprouve l'heureuse influence de notre modération et de notre sagesse! Nous avons été lancés, tour à tour, par des passions impétueuses, dans les deux excès d'une prétendue liberté désordonnée, qui n'a été qu'une longue anarchie, et d'un épouvantable despotisme militaire, qui cherchoit à nous dérober la honte de nos fers, en nous éblouissant par la fausse et dangereuse gloire des conquêtes. Sachons aujourd'hui revenir à ce point du *juste milieu*, indiqué par la raison et par l'expérience, à la *monarchie constitutionnelle*, placée à une distance égale de la licence et de la tyrannie, seule propre à garantir la sûreté individuelle et la liberté publique, à rendre les factions impuissantes, et à raffermir le trône long-temps ébranlé.

Pairs de France, premiers conseillers hérédinaire du Prince, et défenseurs nés des libertés du peuple et des prérogatives du trône; et vous, Députés de la nation! appelés à défendre ses intérêts et à garantir ses droits : tels sont les résultats que vos concitoyens ont droit d'attendre de vos efforts et de votre union avec le monarque. Vous ne tromperez point nos espérances; en répondant à la confiance publique, vous acquerrez la plus belle gloire qui puisse flatter des cœurs généreux. Votre conduite peut influer utilement sur la prospérité particulière de notre patrie, sur la tranquillité générale de l'Europe, sur le sort de toutes les familles françoises, qui vous demandent, avec une touchante unanimité, *l'union et la paix, la constitution et le Roi, l'ordre et la liberté.*

***** près Paris, 15 octobre 1815.*

A. DE CLENDI.

FIN.

TABLE DES MATIÈRES.

I. Le Conservateur de l'Europe, ou Considérations sur la situation actuelle de l'Europe, et sur les moyens d'y rétablir l'équilibre politique des différens états, et une paix générale solidement affermie, . pag. 1

Mémoire écrit en octobre 1813, adressé à S. M. l'Empereur Alexandre et à S. A. R. le Prince Royal de Suède; précédé d'un avis de l'éditeur, écrit en juin 1814, ... 3—82

II. Quelques Fragmens extraits du porte-feuille politique de Buonaparte, ou Mémoires sur les intérêts politiques de l'Italie et sur ceux de la France; précédés d'un avertissement de l'éditeur, . . 1 et 3

1. *Mémoire sur l'organisation fédérative et indépendante de l'Italie*, remis au premier Consul Bonaparte, le 21 messidor an 8 (10 juillet 1800), après la bataille de Marengo, ... 11

2 Mémoire soumis au général Bonaparte, premier Consul de la république françoise, *sur la situation politique de la France, au mois de floréal de l'an* 12 (*mai* 1804), et sur quelques-unes des bases de la nouvelle forme de gouvernement qui paraîtroit convenable d'adopter, ... 30

3. Observations générale sur les *Mémoires* qui précèdent et sur les *Fragmens* qui vont suivre, . 65

III. QUELQUES FRAGMENS EXTRAITS DU PORTE-FEUILLE D'UN PROSCRIT, tirés de mémoires particuliers, écrits en 1803, 1804, 1805 et 1813, ... Pag. 67

AVERTISSEMENT de l'éditeur, ... 69

1. FRAGMENT HISTORIQUE ET PROPHÉTIQUE SUR BUONAPARTE, tiré de mémoires particuliers, écrits en 1803, ... 73

2. COUP-D'ŒIL *sur quelques-unes des institutions de la France, au commencement de l'an 12 (janvier 1814)*, ... 82

3. FRAGMENT *sur la situation morale et politique de la France, et sur la situation générale de l'Europe, au mois de mai 1805*, ... 88

4. NOTE sur *la situation générale de la France et de l'Europe*, au mois *d'octobre* 1813, ... 101

CONCLUSION, ... 106

FIN DE LA TABLE DES MATIÈRES.

www.ingramcontent.com/pod-product-compliance
Ingram Content Group UK Ltd.
Pitfield, Milton Keynes, MK11 3LW, UK
UKHW022054190726
13855UKWH00002B/496

9 782013 353205